Die Esel

Haus- und Wildesel

Equus asinus

1. Auflage

Johannes Erich Flade

W/V Die Neue Brehm-Bücherei Bd. 638
Westarp Wissenschaften · Hohenwarsleben · 2000

Mit 41 Abbildungen, 21 Tabellen und 5 Farbtafeln

Die Deutsche Bibliothek — CIP-Einheitsaufnahme

Johannes Erich, Flade:
Die Esel: Equus asinus / Johannes Erich Flade. –
1. Aufl. – Hohenwarsleben: Westarp-Wiss., 2000
  (Die Neue Brehm-Bücherei; Bd. 638)
  ISBN 3-89432-887-8
NE: GT

Titelbild: Mecklenburgischer Esel. (Foto: J. E. FLADE).
Autorenfoto: J. E. FLADE 1995 in Schalunen. (Foto: H. FLADE).

Alle Rechte vorbehalten, insbesondere die der
fotomechanischen Vervielfältigung oder Übernahme
in elektronische Medien, auch auszugsweise.

© 2000 Westarp Wissenschaften-Verlags-
gesellschaft mbH, Hohenwarsleben
http://www.westarp.de

Satz und Layout: Gabi Severin
Druck und Bindung: Druckhaus Laun & Grzyb, Wolmirstedt

Vorwort

»Dem Esel, störrisch im Geschäfte, verleiht der Knittel neue Kräfte« - diesen typischen BUSCH-Vers hätte der große Meister des Humors und der Kritik des Herzens ganz sicher nicht geschrieben, wenn er zuvor dieses Buch gelesen hätte! Es soll uns eines der ältesten Haustiere näherbringen, das der Mensch in seinen Dienst nahm, ein Haustier, das vielfach in einem ungerechtfertigt schlechten Ruf stand und noch steht und von jeher besonders viel Ungemach und Leid zu ertragen hatte. Es ist hier nachzulesen, daß die Länge der Ohrmuscheln in keiner Wechselbeziehung zur Leistungsfähigkeit des Gehirns oder zu den Verhaltensweisen des Esels stehen. Wir werden unter anderem bestätigt finden, daß Esel weder faul noch stur oder gar dumm sind, sondern daß Unkenntnis, Vermenschlichung, Ungeduld und Überheblichkeit des Menschen sie mit diesen Attributen verbinden. Beim Lesen soll deutlich werden, daß der Esel sich, wie jede andere Tierart auch, im Verlauf von Jahrtausenden zweckmäßig an seine natürliche Umgebung angepaßt und mit ihr in vollem Einklang gelebt hat. Viele seiner sich daraus ergebenden Merkmale, Eigenschaften und Besonderheiten haben ihn zu einem unserer bedeutendsten und verbreitetsten Haustiere gemacht.

Zahlreiche biologische Ähnlichkeiten ergeben sich zwischen Esel und Pferd, mit dem ihn eine gemeinsame Stammesentwicklung verbindet. Auch der Pferdefreund wird darüber manches in diesem Buch finden.

Mit heute fast 40 Millionen Tieren helfen Esel und Maultiere, die Existenz vieler Völker mit zu sichern. Sie sind in Ländern mit geringem natürlichen Nahrungsmittel- und Futterangebot vor allem für den Mann auf der Straße noch immer unersetzlich. Wie die Geschichte zeigt, waren die Esel stets vorwiegend Arbeitstiere und sind es im wahrsten Sinne des Wortes bis heute geblieben. »Dat man von dei Arbeit riek ward, glöw ick nich«, heißt es in einem mecklenburgischen Sprichwort, »denn süss müßt de Äsel rieker sein as dei Möller«. Esel sind anspruchslos und ausgeglichen in ihrem Verhalten, zugleich ausdauernd, geduldig und unermüdlich bis zur Erschöpfung. Deshalb wurden und werden sie oft falsch behandelt und gequält; unter ungünstigen Klimabedingungen verkümmern sie, wenn ihnen die Fürsorge fehlt.

So meint auch J. CH. LICHTENBERG (1742 bis 1799): »Die Esel haben die traurige Situation, worin sie jetzt in der Welt leben, vielleicht bloß dem witzigen Einfall eines losen Menschen zu danken; dieser ist Schuld, daß sie zum verächtlichsten Tier auf immer geworden sind und es auch bleiben werden, denn viele Eseltreiber gehen deswegen mit ihren Eleven so fürchterlich um, weil es Esel, und nicht weil es träge und langsame Tiere sind«. Die Esel verdienen also besonders unser Verständnis, unsere Liebe und unseren Schutz. Dazu soll die vorliegende Schrift beitragen.

Dem Verlag Westarp-Wissenschaften danke ich für die Herausgabe des vorliegenden Buches sehr herzlich. Allen denen, die diese Arbeit mit Anregungen, Hinweisen und Abbildungen unterstützt haben, bin ich ebenfalls sehr verbunden.

Fliemstorf 1999   JOHANNES ERICH FLADE

Abb. 1: Darstellung eines Wildesels aus der Höhle von Lauscaux in der Dordogne/ Frankreich, etwa 15 000 bis 13 000 v. Chr.

Abb. 2: Darstellung eines Wildesels aus der Höhle von Trois-Frères bei Montesquieu-Avantes, Arièges/ Frankreich, etwa 13 000 bis 11 000 v. Chr.

1 Stammesgeschichte und Systematik

Der Esel gehört zur Klasse der Säugetiere (*Mammalia*) und innerhalb dieser Klasse zur Ordnung der Unpaarzeher (*Perissodactyla*), auch Unpaarhufer oder Unpaarhuftiere genannt. Ihre Blütezeit hatte diese Ordnung etwa im mittleren Tertiär, also vor 25 bis 40 Millionen Jahren. Heute gibt es nur noch zwei ihr zugehörige Unterordnungen mit insgesamt drei Familien:

1. Nashornverwandte (*Ceratomorpha*) mit den Familien
- Tapire (*Tapiridae*) und
- Nashörner (*Rhinocerotoidae*);

2. Pferdeverwandte (*Hippomorpha*) mit nur noch einer Familie
- Pferdeartige (*Equidae* = Equiden),
der die eigentlichen Pferde sowie die Zebras, Halbesel und Esel zuzuordnen sind.

Innerhalb dieser Familie werden nach der derzeitigen Auffassung (DENZAU, G. u. H.) sechs noch rezente Wildarten unterschieden, aber es gibt zu deren Systematik noch erhebliche Meinungsverschiedenheiten. Der Autor entscheidet sich für die nachfolgende Variante, um überhaupt eine Übersicht zu ermöglichen; die Angaben zu den Eseln erfolgen nach DUNCAN:

I. *Equus* (= Pferd)
Unterart: *Equus ferus ferus* = Steppentarpan (ausgestorben)
Equus ferus silvestris = Waldtarpan (ausgestorben)
Equus przewalski = Przewalski-Pferd (auch: Urwildpferd); gilt als Stammart unserer Hauspferde

II. *Equus grevyi* = Grevyzebra (keine Unterarten)

III. *Equus zebra* = Bergzebra (Unterarten vorhanden)

IV. *Equus quagga* = Steppenzebra (Unterarten vorhanden)

V. *Equus africanus*   (= Asinus, Esel)
Unterart: *Equus africanus africanus*   = Nubischer Wildesel
Unterart: *Equus africanus atlanticus*   = Atlas-Wildesel (ausgestorben)
Unterart: *Equus africanus somaliensis*   = Somali-Wildesel.

VI. *Equus hemionus*   (= Asiatische Wildesel, auch Halbesel, auch Pferdeesel)
Unterart: *Equus hemionus hemionus*   = Dziggetai (=Dschiggetai), vorwiegend Nordmongolei
          Equus hemionus luteus   = Gobi-Dziggetai (=Gobi-Dschiggitai), vorwiegend Südmongolei
          Equus hemionus onager   = Onager, vorwiegend Iran
          Equus hemionus kulan   = Kulan, vorwiegend Turkmenistan
          Equus hemionus khur   = Khur, südwestliches Indien
          Equus hemionus hemippus   = syrischer Halbesel (ausgerottet)

VII. *Equus kiang*   (= Kiang, wird auch als Unterart von *Equus hemionus* geführt)
Unterart: *Equus kiang kiang*   = westliche Unterart, vorwiegend Indien und Kaschmir
          Equus kiang polyodon   = südliche Unterart, vorwiegend Nordindien
          Equus kiang holdereri   = östliche Unterart, vorwiegend Tibet

Zur Familie der Equiden gehören also auch die Hausesel, die ihre Herkunft vom Afrikanischen Wildesel ableiten.

Die Stammesentwicklung der Equiden im Verlauf der Evolution (Tab. 1) ist heute im wesentlichen bekannt. Sie erfolgte aus der, noch im Paleozän lebenden, im Verlauf des Eozän ausgestorbenen Ordnung der Urhuftiere (*Condylarthra*), kleiner Allesfresser mit wenig entwickelten fünfzehigen Pfoten, die bereits in kleinen Hufen endeten. Soweit wir heute wissen, war Nordamerika die Heimat der Urhuftiere und Ursprungsgebiet des laubfressenden Eohippus (= *Hyracotherium*), der die Pferdeahnenreihe begründete, die sich bis zum einzehigen grasfressenden Pliohippus fortsetzte, der zu Equus führte (Abb. 3).

Warum die evolutionäre Entwicklung dieser Vorfahrenreihe gerade in Nordamerika so große Fortschritte gemacht hat, ist bis heute ungeklärt. Von dort aus wanderten jedenfalls die zahlreichen Varianten der Pferdevorfahrenreihe periodisch über zwei Landbrücken in andere Erdteile, ausgenommen Australien, zu welchem frühzeitig keine Landverbindung mehr bestand. Diese Wanderungen erfolgten einmal

Stammesgeschichte und Systematik

über die, zeitweise überflutete, seit Ende des Pliozäns aber beständige Landbrücke Mittelamerikas (sogenannte Panama-Enge) nach Südamerika, zum anderen über die, noch zu Beginn des Pleistozäns bestehende, jetzt unterbrochene Brücke (die heutige Beringstraße) nach Westen in den eurasischen und afrikanischen Raum. Bis zum Pliozän starben jedoch alle Nebenzweige der Ahnenreihe außerhalb Nordamerikas aus, oft schon nach im Verhältnis zur Dauer der Evolution kurzer Zeit. Gerade die Stammesgeschichte der Pferdeartigen macht den Wechsel zwischen Erfolgen und Fehlschlägen der Evolution infolge der unterschiedlichen Anpassungsfähigkeit an sich verändernde Umweltbedingungen durch Selektion und Mutation deutlich.

Tab. 1: Stammesentwicklung der Pferdeartigen im Verlauf der Evolution. (J. E. FLADE, unter Verwendung der Materialien von MATTHES).

Erdzeitalter/ Gattung	Existenz vor etwa Mio Jahren	Dauer ca. Mio Jahre	morphologische Umbildungsindizes nach MATTHES	Anzahl der Zehen	Bemerkungen
Paleozän Urhuftiere *Phenacodus*	65-70	n. e.	n.e.	5	Allesfresser
Eozän *Eohippus* (*Hyracotherium*)	60	10	9	4	Laubfresser
Orohippus	50	5	9	4/3	–
Epihippus	45	9	16	4/3	–
Oligozän *Mesohippus*	36	6	5	3	–
Miohippus	30	5	5	3	–
Miozän *Parahippus*	25	5	18	3/2	Laub- und
Merychippus	20	7	11	3/2	Grasfresser
Pliozän *Pliohippus**	13	13	7	1	Grasfresser
Pleistozän *Equus*	–			1	

* Die Aufgliederung der Equiden in Esel, Halbesel, Zebra und Pferd hat entweder im späten Pliozän oder frühen Pleistozän noch in Nordamerika oder im frühen Pleistozän in Eurasien/Nordafrika stattgefunden.

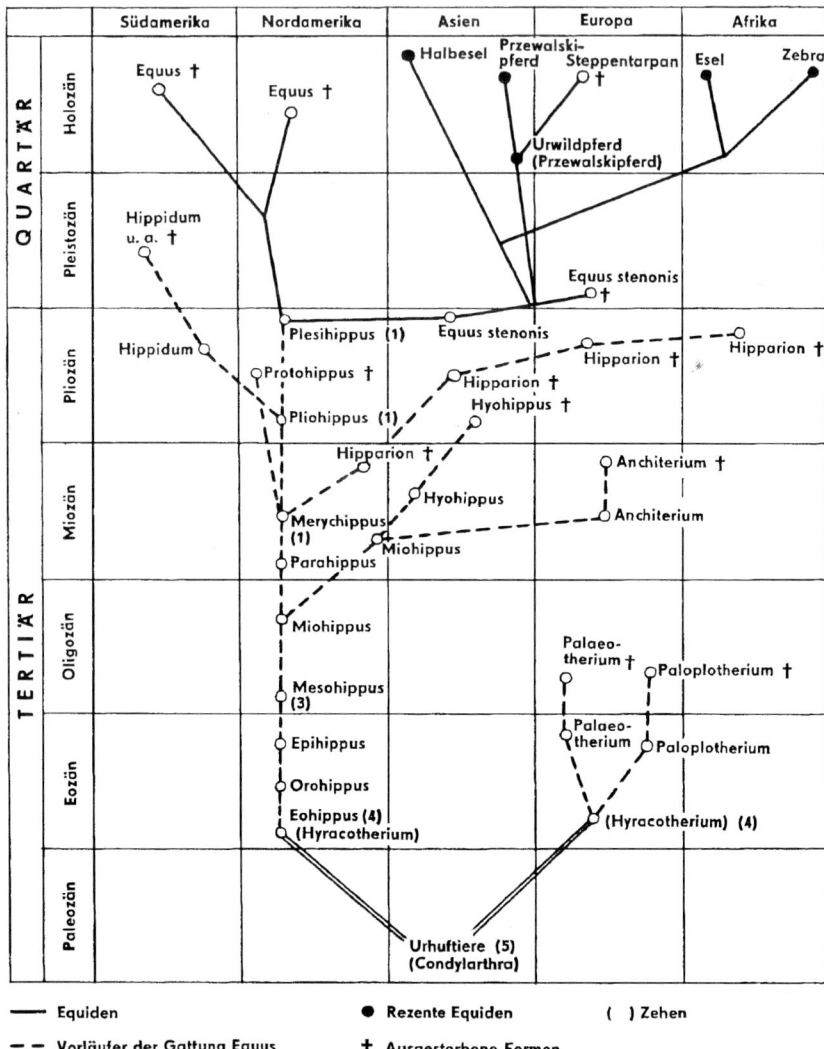

Abb. 3: Stammesentwicklung der Pferdeartigen (*Equiden*) im Verlauf der Evolution. (J. E. FLADE, vereinfacht nach Material von W. KRÜGER).

Zwischen Eohippus (= *Hyracotherium*) und Equus lagen etwa 15 Millionen Generationen, wenn man vier Jahre je Generation unterstellt. Die Trennung der Arten Pferd, Zebra, Halbesel und Esel vom gemeinsamen Stamm hat etwa vor drei Millionen Jahren stattgefunden. Dazu waren also etwa eine Million Generationen seit dem bereits einzehigen Pliohippus notwendig; in dieser Periode fanden noch sieben morphologische

Umbildungsprozesse statt oder setzten sich fort (Abb. 3, Tab. 1). Der Ballenfuß wurde zwischen Mesohippus (dreizehig, Ballenfuß) und Merychippus (zwei- bis dreizehig, Springfuß) zum Springfuß umgewandelt. Als die Vorfahren der heutigen Indianer (unter anderen die Ahnen der Maya) Amerika zwischen dem 12. und 11. Jahrtausend v. Chr. besiedelten, fanden sie dort noch große Equidenherden vor; *Equus* hatte also auf dem amerikanischen Kontinent das Pleistozän überlebt. Es ist aber erwiesen, daß die Pferdeartigen in Amerika ausgestorben waren, als die Europäer im 15./16. Jahrhundert dorthin ihren Fuß setzten. Was bis zu diesem Zeitpunkt zum Aussterben der Equidenbestände geführt hat, wissen wir bis heute nicht. Als Ursachen für ihre Ausrottung werden Seuchen, Raubtiere oder jagende Ureinwohner angenommen, aber ausreichende Beweise gibt es bisher dafür nicht.

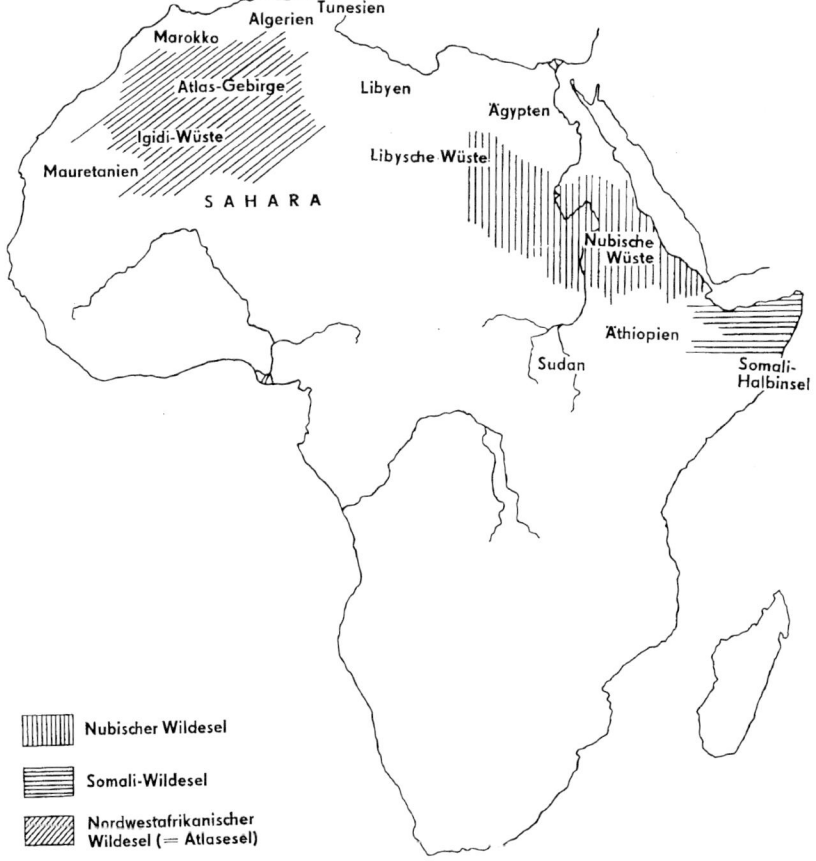

Abb. 4: Die ungefähren Verbreitungsgebiete der nachgewiesenen Wildformen des Hausesels. (J.E. FLADE, nach Angaben im Kap.1; Zeichnung: T. SCHNEEHAGEN).

Unter differenzierter Anpassung an die verschiedenen Umweltbedingungen verbreiteten sich die Equiden gegen Ende des Pliozäns bis ins Pleistozän hinein über die noch bestehende feste Landverbindung der Beringstraße nach Asien, Europa und Afrika. Das geschah offensichtlich durch die Herausbildung verschiedener Arten wie Pferde, Zebra, Halbesel und Esel.

In mehreren Millionen Jahren haben sich diese Arten durch reproduktive und zum Teil auch geographische Isolation genetisch so weit auseinander entwickelt, daß sie sexuell vollständig voneinander getrennt sind. Hinsichtlich ihrer Gestalt, ihrer Merkmale und Eigenschaften unterscheiden sie sich ebenfalls eindeutig voneinander. Obwohl alle Equidenarten miteinander verpaart werden können, gibt es keinen Genaustausch zwischen ihnen; die Produkte von Artkreuzungen (beispielsweise Maultier, Maulesel, Zebroid, Esel- bzw. Pferdekulan) sind schon in der ersten Generation (F1) fast stets steril. Damit verlief und verläuft ihre stammesgeschichtliche Entwicklung jeweils gesondert und voneinander unabhängig. Der Halbesel ist also ebensowenig vom Esel abhängig wie beispielsweise das Pferd vom Zebra.

Während das pleistozäne Wildpferd besonders die mittleren Breiten Asiens sowie große Teile Europas besiedelte, der Asiatische Wildesel sogar bis zur 5000-m-Grenze der asiatischen Hochgebirge vordrang, haben sich Zebra und afrikanische Wildesel an wärmere, trockenere Klimazonen angepaßt. Damit hängt es zusammen, daß der Wildesel den Norden Afrikas bevorzugte. Dort bildete er mehrere Unterarten, von denen einige domestiziert wurden. Die pleistozäne Eselform *Equus (asinus) hydruntinus Regalia* 1907 lebte nördlicher, in Südeuropa, vor allem in Italien, aber auch in Südwesteuropa. Auch ist sie ausnahmsweise in Westeuropa, einschließlich Großbritannien, vorgekommen. Sie starb jedoch noch vor der Domestikation aus.

Es soll angemerkt werden, daß die ursprünglich zwischen der östlichen Mittelmeerküste und dem Hochland von Tibet verbreiteten asiatischen Wildesel vor allem in Mesopotamien und im Industal frühzeitig bekannt waren. Vor allem wurde der Onager dort abgerichtet, jedoch nicht domestiziert. Er gilt als der schnellste Wildequide. Bereits auf Tonscherben aus der Halafperiode in Nordsyrien (etwa 5500 bis 5000 v. Chr.) ist sein Abbild nachweisbar (MELLAART). Gezähmte Tiere dieser Art wurden durch die Sumerer im dritten Jahrtausend für die Bespannung von Kampfwagen eingesetzt. HERODOT (um 484 bis 425 v. Chr.) berichtet, daß noch im Heer des Perserkönigs XERXES I. (regierte 486 bis 465 v. Chr.) im Krieg gegen Griechenland Onagergespanne gefahren wurden.

Der Onager wurde wegen seiner Wildheit und Bissigkeit nie in den Hausstand überführt, was ja auch beim Zebra nicht gelang. Zudem pflanzte er sich in Gefangenschaft schlecht fort. Selbst sein Zähmungsgrad blieb nur gering: Um ihn überhaupt nutzen zu können, wurden ihm - wie auch beim Bullen - ein Nasenring durch die Nüstern gezogen und ein Maulkorb aufgesetzt, wie aus zahlreichen Darstellungen hervorgeht. Die Zugleistung erfolgte über Halsgurte. Mit dem leichter zu lenkenden, vielseitig einsetzbaren Pferd verschwand der Onager als Nutztier im ersten Jahrtausend

Tab.2: Wahrscheinlicher Zeitpunkt der Domestikation von Equiden und einigen anderen Säugetierarten v. Chr. (J. E. FLADE).

Tierart	Ungefährer Zeitraum
Hund	10. bis 9. Jt., vielleicht schon früher
Ziege	10. bis 9. Jt.
Schaf	9. bis 8. Jt.
Schwein	8. Jt.
Rind	8. Jt.
Esel	7. bis 6. Jt.
Kamel	5. bis 4. Jt.
Pferd	4. Jt., evtl. auch bereits 5. Jt.
Halbesel/Onager	4. bis 3. Jt., nur vorübergehend Gezähmt, also nicht domestiziert
Katze	3. Jt., vielleicht wesentlich früher
Büffel	3. Jt.
Yak	2. Jt., vielleicht etwas früher

v. Chr. Er blieb aber weiterhin ein gern gejagtes Wild, dessen Fleisch nach HAUGER bis ins römische Altertum als besonderer Leckerbissen galt.

Onagerhengste wurden zur Produktion von Maultieren aus Pferdestuten ebenfalls bis zur römischen Zeit benutzt. TACITUS (55 bis 120) beschreibt die »asini agrestes« aus der syrischen Steppe, PETRONIUS (gestorben 66 n. Chr.) berichtet von Onagermaultieren. Onagerhengste belegten auch römische Hauseselstuten; COLUMELLA berichtet im ersten Jahrhundert darüber. Die 64 Maultiere, die den Sarg des Mazedonierkönigs ALEXANDER III. (= Alexander der Große, 356 bis 323 v. Chr.) von Babylon über 1500 km nach Alexandria gefahren haben, stammten wahrscheinlich ebenfalls von Onagerhengsten aus Pferdestuten.

Im übrigen ist der Gedanke an Artkreuzungen sehr alt und war bereits im Alten Orient sowie im klassischen Altertum durchaus salonfähig: Aus dem 15. Jahrhundert v. Chr. stammt der bisher wahrscheinlich älteste Nachweis für das Maultier, die Abbildung im Grab des Nebamon in Ägypten, und aus dem pferdeliebenden griechischen Aitolien die mythologische Erzählung »Leda und der Schwan«: Leda war die Frau des spartanischen Königs Tyndareos. Weil es öffentlich unschicklich war, traf Göttervater Zeus mehrfach hintenherum mit ihr in Gestalt eines weißen Schwanes zusammen. Trotz ihrer äußerlichen Verschiedenartigkeit empfanden beide ihr Tun sehr angenehm und das Ergebnis war deshalb schon beim ersten Mal die schöne Helena! Die optimistische Bemerkung eines aufspringenden babylonischen Pferdehengstes tut ein übriges: Beim Decken flüstert er seiner Esel- oder Halbeselstute ins - mehr oder weniger lange - Ohr: »Das Füllen, das Du gebären wirst (also ein Maulesel) soll ein Läufer sein wie ich. Einem Esel, der den Tragkorb trägt, sollst Du es nicht gleich machen!« ANAKREON (um 580 bis 495 v. Chr.) und HOMER (8. Jahrhundert v. Chr.) halten die kleinasiatischen Myren und Eneter für die Völker, die mit der Maultierzucht - wahrscheinlich Onagerhengst mal Pferdestute - begonnen haben. Jedenfalls wußte man schon sehr frühzeitig, die Vorteile von Pferd und Esel zu verbinden: Die Gestalt der Stute bestimmt weitgehend Größe und Gewicht des in der ersten Generation zu erwartenden Nachkommens, die konstitutionellen und psychologischen Eigenschaften des Hengstes setzten sich vermehrt durch. Daraus folgt die besondere Wertschätzung des Maultieres (Eselhengst mal Pferdestute) wegen seiner Größe und Kraft gegenüber dem Maulesel (Pferdehengst mal Eselstute), vor allem in Europa und - später - Nordamerika. Aber auch die sehr schöne, ehrgeizige römische Kaiserin SABINA POPPAEA ließ ihren Lieblingsmaultieren goldene Sandalen anfertigen. Sie hätte besser daran getan, ihren dritten Mann, Kaiser NERO (37 bis 68), mit weichen Hausschuhen auszustatten: Sie starb 34jährig bereits im dritten Ehejahr an den Folgen eines seiner gefürchteten Fußtritte im Jahr 65, wurde aber sozusagen als Ausgleich nachträglich durch ihn vergöttlicht. Seine Maultiere trugen übrigens nur einfache Hufeisen.

Auch die Alten wußten schon um die generelle Unfruchtbarkeit von Maultieren und Mauleseln, kannten aber nicht ihre Ursachen. Jedoch war ihnen bekannt, daß es auch Ausnahmefälle gab, die sie deshalb für besonders erwähnenswert hielten. So berichtet HERODOT (um 484 bis 425 v. Chr.) über die Belagerung Babylons durch das persische Heer unter DARIUS I. (522 bis 486 v. Chr.) auch, daß sich die Belagerten daraus wenig machten: »Sie stiegen auf die Stadtmauer, führten dort Tänze auf, verhöhnten Darius und seine Soldaten und einer von ihnen rief ihnen zu: Was sitzt ihr hier herum, Perser, und geht nicht lieber nach Hause? Denn uns bekommt ihr erst, wenn die Maultiere gebären. Das sagte er aber, weil er glaubte, ein Maultier werde nie gebären ...«. Allerdings fohlte im 20. Belagerungsmonat der Legende nach eine Maultierstute des Zypros und Babylon wurde erobert. Auch PLINIUS (23/24 bis 79) berichtet um das Jahr 60 über fruchtbare Maultiere.

DEMOKRIT (460 bis 371 v. Chr.) informierte seine Zeitgenossen folgendermaßen: »Maultiere gebären nicht, denn sie haben keine

Gebärmutter wie andere Tiere, sondern anders gestaltet, die den Samen nicht aufnehmen können. Denn das Maultier ist kein Geschöpf der Natur, sondern der Erfindungsgabe und Dreistigkeit des Menschen, sozusagen Kunstprodukt eines hinterlistigen Ehebruchs. Ich meine, ein Eselhengst hat zufällig eine Pferdestute mit Gewalt besprungen, die Menschen haben von dieser Gewalttat gelernt und sich daran gewöhnt, sie zuchtmäßig zu betreiben. Vor allem bespringen libysche Esel, die von besonderer Größe sind, die Stuten, und zwar solche, deren Mähne gestutzt ist. Denn wenn die Stute ihren Mähnenschmuck hätte, würde sie einen solchen Gemahl nicht erdulden, erklären die Fachleute für diese Zuchtart.« Von solchen somatopsychischen Wechselbeziehungen, die auch von anderen Tierarten, zum Beispiel vom Hausrind, bekannt sind, berichtet sogar XENOPHON im fünften Kapitel der um 365 v. Chr. erschienenen Peri Hippikés (= Über die Reitkunst) und unterliegt damit diesem, im Altertum weit verbreiteten Irrglauben: »Auch der Zierde wegen wurden dem Pferde die Mähne, der Schopf und der Schweif von den Göttern mitgegeben. Dafür gibt es einen Beweis: Die Zuchtstuten nämlich lassen die Esel nicht gleich gern zu, solange sie noch ihren Haarschmuck haben. Deshalb scheeren auch alle Maultierzüchter die Stuten zum Decken.«. Auch SOPHOKLES (496 bis 406 v. Chr.) und ARISTOTELES (384 bis 322 v. Chr.) meinen, daß die geschorene Stute den Verlust ihrer Mähne betrauert und sich schämt: Man führte sie nach der Prozedur ins Wasser. Dort sahen sie ihr Spiegelbild; entsetzt und beschämt durch den Anblick ließen die Stuten die Eselhengste willig an sich heran.

Abb. 5: Das Maulthier. (A. FORBES in TH. BROWN; Repro: J.E. FLADE).

Aus der neueren Zeit gibt es eine ganze Reihe solcher Mitteilungen, so 1739 aus Öhringen (Baden-Württemberg), 1762 aus Valencia, offiziell aus dem ältesten der Pariser Zoologischen Gärten (Zoo Jardin d' Acclimatisation) 1873 bis 1881, nach denen die Maultierstute Catharine drei Fohlen vom Pferdehengst gebracht hat. Einer der von ihr stammenden Hengste aus der Pferdeanpaarung zeugte mit einer Pferdestute ein weiteres Fohlen. Über solche Ausnahmefälle berichten unter anderem auch von WAHL 1907, HENSELER 1925 sowie HORIE und NISHIKAWA 1954. Eindeutig ist nachweisbar, daß sie zu den großen biologischen Seltenheiten gehören.

Nach BAUDISSIN wurde die Produktion von Maultieren bereits vor dem 30jährigen Krieg in Mitteleuropa betrieben; aber erst seit dem 18. Jahrhundert gibt es die dafür notwendige Zucht von Eselhengsten, ähnlich wie in Frankreich. Maultiere wurden vorwiegend für militärische Zwecke eingesetzt; ihre Züchtung erfolgte ausschließlich unter militärischen Gesichtspunkten. Selbst die später für die Pferdezucht bedeutenden deutschen Gestüte hielten Eselhengste für die Maultiererzeugung oder betrieben auch Eselzucht, oft beides.

Einige Beispiele sollen hierüber informieren:

− Gestüt Graditz/ Sachsen,
  gegründet 1686, heute englische Vollblutzucht;
  neben der Pferdezucht bestand Anfang des 18. Jahrhundert eine Maultierproduktion;

− Gestüt Paudritsch bei Leisnig/ Sachsen,
  gegründet 1694
  mit Zella b. Nossen/ Sachsen,
  Eselzucht und Maultiererzeugung, nachgewiesen von 1744 bis 1764;

− Lippesches Landgestüt/ Niedersachsen,
  gegründet 1699
  mit den Meierhöfen Detmold, Varenholz, Horn und Göttendorf;
  ab 1735 wurden Eselhengste für die Erzeugung von Maultieren gehalten;

− Gestüt Trakehnen/ehemals Ostpreußen
  gegründet 1732, bestand bis 1945;
  1740 hatte die Eselzucht 18 Stuten, 1786 25 Stuten; zudem waren Eselhengste für die Maultiererzeugung vorhanden;

− Gestüt Neustadt (Dosse)/ Brandenburg,
  gegründet 1788, heute nur Warmblutzucht;
  der Vorläuferbetrieb unterhielt von 1700 bis 1787 ein Maultiergestüt mit bis zu 170 Köpfen;

Stammesgeschichte und Systematik 19

- Gestüt Schlieffenberg bei Lalendorf/ Mecklenburg-Vorpommern, gegründet im 18. Jahrhundert;
seit 1846 bestand dort eine Eselreinzucht, seit etwa 1880 auch eine Maultierproduktion;

- Gestüte Memsen und Radbruch/ Niedersachsen
gegründet Ende des 16. Jahrhunderts, bestanden bis 1883;
sie betrieben Maultierproduktion mit besonders herausgesuchten eselfarbigen Pferdestuten, an die vorwiegend Malteser und Neapolitaner Eselhengste angepaart wurden. Bei den ausgesuchten radbrucher Pferdestuten trat zuerst die Isabellenfarbe auf. Sie wurden deshalb für die Repräsentation rein weitergezüchtet, vor allem im Gestüt Neuhaus/ Solling.

- Gestüt »In der Behre« bei Celle/Hannover
gegründet im 16. Jahrhundert, bestand bis 1883;
Übernahme der Maultierproduktion vom Gestüt Memsen/Radbruch Anfang des 18. Jahrhunderts. Die Eselhengste blieben in Memsen. Einige standen als Landbeschäler auf den Stationen Ahlden/Aller und Northeim/Göttingen.

Noch im 20. Jahrhundert wurden Eselhengste zur Erzeugung von Maultieren für die Armee in staatlichen Deckstationen innerhalb Deutschlands verwendet, so 1910 im Bereich des Landgestütes Braunsberg (gegründet 1890/91) oder 1909 im Landgestüt Celle (gegründet 1735). Über das Landgestüt Osnabrück-Eversburg (1925 bis 1961) hat man 1941 20 Eselhengste zur Produktion von Maultieren für die Hochgebirgseinheiten der Wehrmacht eingesetzt. Vorwiegend wurden in der damaligen Provinz Hannover Panjestuten und Stuten des Münsterländer Halbschlags (um 160 cm Widerristhöhe) bedeckt. Die daraus fallenden Maultierfohlen wurden beim Züchter bis zum Absatzalter (also etwa bis zum vierten oder fünften Lebensmonat) belassen, gingen dann aber in Alpenhöfe, damit sie sich an die im Hochgebirge herrschenden Bedingungen anpassen konnten.

In England hat man bis zur Eroberung durch die Normannen - Schlacht bei Hastings, 1066 - Esel und auch kleine Maultiere aus Stuten örtlicher Pferderassen vorwiegend für die Feldbestellung und zum Zug vor dem Wagen genutzt. Das Klostergestüt Burton-on-Trent, eines der bedeutendsten während der Angelsachsenzeit, hatte im Jahre 1116

»3 Dutzend Stuten, keine Pferdehengste, aber 3 spanische Eselhengste und machte mit Maultieren gute Geschäfte - hundert Jahre vorher waren es 16 Eselhengste.«

Interessant und für die Bedeutung der Maultiere kennzeichnend ist auch die Verwendung der aus dem Lateinischen herkommende Bezeichnung »mulus« (= männliches Maultier/Maulesel) oder »mula« (= weibliches Maultier/ Maulesel) für den Sohn eines walisischen Mädchens von einem »West Saxon prince«, der »mul« genannt wurde, wie die »Anglo-Saxon-Chronicle« (9. bis 11. Jahrhundert) berichtet. Das Element »mul« kommt über diesen Weg in zahlreichen englischen Ortsnamen vor, so in Mowlish, Moulton, Moulsoe, Moulescome, aber auch in Vor- und Familiennamen.

Die Normannen brachten bei der Besetzung extrem große Maultiere mit nach England. Alle kamen aus der französischen Landschaft von Poitou und waren »gygantic hybrids« von über 160 cm Widerristhöhe. Ihre Väter waren große Poitou-Eselhengste, die an Pferdestuten der damaligen Poitou-Rasse gepaart worden waren (heutige Mulassière-Rasse). Der kurz nach 1066 wahrscheinlich in normannischem Auftrag angefertigte »Teppich von Bayeux« zeigt in 58 Bildern auf 70 mal 0,5 m Fläche auch die vielseitige Verwendung von Eseln bzw. Maultieren im Leben normannischer und englischer Bauern und Händler sowie im Militärwesen, speziell auch in der Schlacht von Hastings.

Abb. 6: In der Ölmühle. Italienische Arbeit um 1580. (Repro: J. E. FLADE).

2 Wildesel heute

Die kleinen, noch vorhandenen Restbestände der Wildequiden stehen unter strengem Schutz. Von einigen Unterarten gibt es nur noch Einzeltiere in einigen Tiergärten. Ihr Überleben wird durch enge Zusammenarbeit der beteiligten Fachleute, Austausch von Zuchttieren und eine genaue Zuchtbuchführung gesichert, soweit das noch möglich ist. Das »Internationale Zuchtbuch für Afrikanische Wildesel« wird seit 1972, das »Internationale Zuchtbuch für Halbesel« seit 1970 im Tierpark Berlin-Friedrichsfelde geführt und der Zoologische Garten Prag betreut seit 1960 das »Internationale Stutbuch für Przewalski-Pferde«.

Danach stellt sich der Bestand an Wildequiden, die Zebras hier ausgenommen, in den internationalen Tiergärten wie folgt dar (POHLE, im Zuchtbuch erfaßt):

Afrikanische Wildesel (1. Januar 1999):

Equus africanus somalicus	= Somali-Wildesel (94 Tiere);

Asiatische Wildesel (1. Januar 1999):

Equus hemionus khur	= Khur (nur in indischen Tiergärten vorhanden, aber es gibt darüber keine Informationen);
Equus hemionus kulan	= Kulan (371 Tiere);
Equus hemionus onager	= Onager (146 Tiere);
Equus kiang holdereri	= Kiang, östliche Unterart (93; weitere Exemplare in chinesischen Tiergärten, aber darüber gibt es keine Informationen);

Wildpferde (1. Januar 1997):

Equus przewalski	= Przewalski-Pferd (1450 Tiere).

Vom Pferd und von den Halbeseln unterscheiden sich die Afrikanischen Wildesel vor allem durch die Länge der Ohrmuscheln, die die Hälfte der Kopflänge betragen können, durch graue Fellfarbe mit Schulter- und Rückenstreifen und durch den Quastenschwanz. Wie auch die Halbesel, haben sie Kastanien nur an den Vorderbeinen; dies sind hornartige

Gebilde an der Innenseite der Gliedmaßen oberhalb des Vorderfußwurzelgelenkes, bei Pferden auch des Sprunggelenkes, die wahrscheinlich ein Rudiment der ersten Zehe bzw. des ersten Ballens darstellen. Die langen Ohren sind ein typisches Merkmal von Steppensäugetieren. Man denke hierbei an den Fennek (*Canis zerdus*), den nordafrikanisch-arabischen Wüstenfuchs. Weiterhin liegt eine Besonderheit der Esel in ihrer Stimme, dem röhrenden I-AH. Letztere steht im krassen Gegensatz zum Wiehern der Pferde und der ähnlichen Lautgebung der Halbesel. Vor allem bei den Hengsten ist das Paarungsverhalten durch aggressive Rivalität gekennzeichnet. Generell ist der Afrikanische Wildesel anspruchslos und konstitutionshart, jedoch kälte- und feuchtigkeitsempfindlich. Als sicher gilt, daß der Nubische Wildesel - *Equus africanus africanus* - der Stammvater unseres heutigen Hausesels ist (unter anderen BRENTJES, HERRE/ RÖHRS), dessen Verbreitungsgebiet in der Zeit seiner Domestikation im Nordosten Afrikas lag.

Es gab wenigstens drei unterschiedliche Unterarten des Afrikanischen Wildesels, die domestiziert wurden:

1. Nordwestafrikanischer Wildesel (= Atlas-Wildesel),

    vorwiegend im Gebiet Nordwest- und Westafrika verbreitet, zu römischer Zeit ausgestorben;

2. Nubischer Wildesel,

    vorwiegend im Gebiet Nordost- und Nordafrika verbreitet, ausgestorben;

3. Somali-Wildesel,

    vorwiegend im Gebiet Nordostafrika verbreitet, wahrscheinlich noch einige Tiere vorhanden.

Der Lebensraum dieser drei Wildeselformen hing zu Beginn der Domestikation weitgehend zusammen und reichte in Ost-West-Richtung von der Somalihalbinsel über Nordafrika, zunächst bis zum heutigen Marokko und Mauretanien.

Der Nordwestafrikanische Wildesel (= Atlas-Wildesel) wurde bereits im Verlauf des ersten vorchristlichen Jahrtausends ausgerottet, gegen Ende besonders durch die Römer, die große Teile seines Verbreitungsgebietes militärisch besetzt hielten und zum Teil ihrem Reich einverleibten. Nach Funden zum Beispiel in Hippo Regius hatten die Atlas-Wildesel Schulterkreuz und Querstreifung an den Extremitäten. Es gilt als sicher, daß sie domestizierte Formen aufwiesen.

Wildesel heute

Abb. 7: Kulanherde in Turkmenistan. (Foto: G. u. H. DENZAU).

Abb. 8: Somali-Wildesel im Tierpark Berlin-Friedrichsfelde (Foto: K. RUDLOFF).

DARWIN (1809 bis 1882) nahm noch die ausschließliche Herkunft des Hausesels vom Nubischen Wildesel an. Seit NOACK (1884) ist als zweite Ausgangsform der Somali-Wildesel bekannt und die Funde von Hippo Regius haben die dritte (Atlas-Wildesel), ausgestorbene, bestätigt. Die heutigen Hausesel gehen wahrscheinlich ausschließlich auf den Nubischen Wildesel zurück. Von den beiden anderen Formen gibt es zur Zeit offensichtlich nur noch einige echte Tiere des Somali-Wildesels in seinem Stammgebiet, weiterhin in Zoologischen Gärten, wie schon angegeben wurde. Sie lassen sich wie folgt beschreiben:

Nubischer Wildesel (*Equus africanus africanus*): rötlichgrau, Widerristhöhe um 113-118 cm; Bauchunterseite und Außenseite der Beine hell; Aalstrich mit Schulterkreuz; an den Unterschenkeln und Röhrbeinen keine oder höchstens nur angedeutete Querstreifung. Er gilt als besonders robust, anspruchslos und anpassungsfähig.

Somali-Wildesel (*Equus africanus somalicus*): mausgrau, Widerristhöhe um 125-135 cm; Maulgegend, Bauchunterseite sowie Innenseite der Beine hell; Kopf dunkler gefärbt (grau) als die Körperfarbe; Querstreifung an Unterschenkeln und Röhrbeinen; Aalstrich nur im Bereich der Schwanzwurzel sichtbar, so daß das Schulterkreuz fehlt. Er ist insgesamt trockener und eleganter als der Nubische Wildesel. Er paßt sich auch an tropennahes Klima gut an, ist aber empfindlich gegenüber Feuchte und Kälte.

Die Asiatischen Wildesel, die ebenfalls nur an den Vorderbeinen Kastanien aufweisen, haben längere Ohrmuscheln als die Pferde, aber kürzere als Esel. Daher kommt auch die oft übliche Bezeichnung Halbesel. Ihre Vorderhufe sind deutlich schmaler als bei Pferden, aber immer noch breiter als bei den Eseln. Die Schädelform steht dem Pferd näher als dem Esel. Auch sie tragen, wie die akfrikanischen Wildesel, einen Quastenschwanz, stets mit dunkler Quaste. Sie sind sehr anspruchslos und konstitutionshart und in Gefangenschaft oft aggressiv, nicht nur während der Paarungszeit. An dieser Verhaltensweise ist offensichtlich auch ihre Domestikation gescheitert. Die Körperoberseite Asiatischer Wildesel ist rötlich oder gelblich, Unterseite und Beine sind hell. Ein Rückenstrich ist vorhanden. Es gibt drei rotbraun und fünf gelb gefärbte Unterarten:

1. Rotbraun gefärbt, Art unter dem Begriff Kiang zusammengefaßt, sind: *Equus hemionus kiang, Equus hemionus polydon* und *Equus hemionus holdereri*. Wenn wir in einem Zoo einen Kiang zu sehen bekommen, handelt es sich derzeit fast immer um einen im Hochland von Tibet in einer Höhenlage von zwischen 4 000 und 5 000 m lebenden *Equus hemionus holdereri*; von

den beiden anderen Unterarten lebt, soweit bekannt ist, kein Vertreter in Gefangenschaft.

2. Gelb gefärbt, oft unter dem Sammelbegriff Onager zusammengefaßt, sind: *Equus hemionus hemionus, Equus hemionus onager, Equus hemionus kulan* und *Equus hemionus khur* sowie *Equus hemionus luteus*.

In den Tiergärten findet man Vertreter der vorgenannten Unterarten, den Khur zur Zeit nur in indischen Zoos. Wie schon an anderer Stelle ausgeführt wurde, erfolgte wahrscheinlich niemals eine Domestikation Asiatischer Wildesel (u.a. BRENTJES). Sie wurden jedoch vorwiegend zu einer Zeit und in Gebieten (zum Beispiel in Mesopotamien durch die Sumerer im 3. Jahrtausend v. Chr.) eingefangen und abgerichtet, in welchen das Pferd entweder unbekannt oder zu wenig vorhanden war. Infolge ihrer Wildheit und Aggressivität in Gefangenschaft war das offensichtlich recht schwierig, denn sie mußten mit Beißkörben und Nasenringen ausgerüstet werden, um sie einigermaßen zu beherrschen. Sie zogen mit Halsgurten, wie die Rinder. Als die Pferde ab etwa dem dritten Jahrtausend v. Chr. umfangreicher verwendet wurden, hat man die Halbesel nur noch für den Fleischverzehr verwendet und zur Zeit des Römischen Weltreiches dabei fast ausgerottet. Von den Römern stammt das Wort Onager als Bezeichnung für den Esel schlechthin (vgl: *onus* = Last), sodaß es deshalb zu zahlreichen Verwechslungen und Mißdeutungen gekommen ist.

Mit Ausnahme des syrischen Halbesels haben die Asiatischen Wildesel bis heute als Wildtiere überlebt, sind aber vom Aussterben bedroht. Neben den Zoologischen Gärten bestehen zu ihrer Erhaltung mehrere Naturschutzparks, so die iranischen Reservate Touran, Kosh Yeilegh, Kavir und Bahram-e-Gour zum Beispiel für den Onager, Badchys/Turkmenistan (seit 1941) für den Kulan, Kleiner Rann von Kutch/ Indien (seit 1974) für den Khur. Insgesamt sind alle Arten der Gattung *Equus* im Wildstand gefährdet, Esel und Halbesel aber ganz besonders.

3 Geschichte der Domestikation

In der vorliegenden Arbeit werden Pferde, Asiatische Wildesel und Zebras sowie Artkreuzungen nur soweit erwähnt, wie es zum Verständnis der Entwicklung und Nutzung des Hausesels zweckmäßig erscheint.

Allgemein bekannt ist, daß in der Regel solche Tierarten durch den Menschen in den Hausstand überführt, also domestiziert wurden, die in Gruppen und Herden lebten und sich deshalb dem Menschen und seinem Lebenskreis besser anschlossen als solche, die keine Herdenbindung hatten. Sie ließen sich besser aufziehen und halten, da zu ihrem Verhaltensinventar der Zwang zur Bildung einer Rangfolge mit ihren Konsequenzen, also der Ein- und Unterordnung, gehört. Mit der Domestikation und den dabei nach und nach gemachten Erfahrungen trat der Mensch mit in diese Rangfolge ein und übernahm dort die Rolle des Alpha-Tieres. Typische Haustierarten sind deshalb bespielsweise Hund, Schaf, Rind, Schwein, Pferd und eben auch der Esel geworden.

Offensichtlich führten beim Esel nicht kultische Gründe, sondern seine Anspruchslosigkeit an die Haltungsbedingungen, an Pflege und Ernährung zu seiner, im Verhältnis zum Pferd frühzeitigen Überführung in den Hausstand (Tab. 2). Das geschah in den Teilen Nordafrikas, in denen für die dort lebenden Menschen Notwendigkeit und Möglichkeiten (beispielsweise Vorhandensein von Süßwasser) dazu bestanden. Die zeitlichen Angaben zur Domestikation des Esels schwanken zwischen mindestens der Mitte des vierten - nach BOETTGER - und dem siebenten bis sechsten - nach BRENTJES - Jahrtausend v. Chr. Nach dem heutigen Kenntnisstand kann davon ausgegangen werden, daß die Angabe des älteren Datums den Tatsachen am nächsten kommt. Sie wird damit begründet, daß der Esel bereits im vierten Jahrtausend von Süden her das Gebiet von Euphrat und Tigris als Haustier erreicht hatte.

Die Domestikation des Esels hat aller Wahrscheinlichkeit nach also spätestens im sechsten Jahrtausend v. Chr. im heutigen libyschen Gebiet Nordafrikas, das zu damaliger Zeit fast oder völlig frei von Wüstenflächen war, begonnen. Von dort aus wanderte der Hausesel später in das Niltal ein. Denkbar ist auch, daß die Idee der Domestikation dort aufgegriffen wurde und dadurch Einwanderung und Domestikation annähernd zeitgleich und lokal nebeneinander erfolgte. Der Hausesel ist somit - im Gegensatz zu den in Asien domestizierten großen Säugetierarten wie Ziege, Schaf, Rind, Kamel oder Pferd - vom Westen aus vorgedrungen und eine der wenigen in Afrika entwickelten rezenten Haustierarten. Nordafrikanische Nomaden verwenden ihn bis heute weit mehr als die Beduinen Vorderasiens.

Auch VARDIMAN schreibt: »Der längst ausgestorbene nordafrikanische Wildesel existierte in der Jungsteinzeit. In der Wüste Sahara gefundene Felszeichnungen beweisen es. Im Niltal wurde im 4. Jahrtausend der Nilesel domestiziert. Ägypten war der Stammplatz der Esel, von dem aus sie über Palästina, Syrien nach Mesopotamien gelangten, brave Gefährten der Karawanserei der Nomaden. In Lachis (= Tell ed-Duwer) fand man Eselsknochen aus der frühen Bronzezeit (3150-2200), eine kleine Eselsfigur aus Ton in Jericho.«

Es sei darauf hingewiesen, daß vor einigen Jahrzehnten beispielsweise von STEGMANN VON PRITZWALD (1924) noch angenommen wurde, daß auch der Hausesel in Asien entstand (Vorderasien, Arabische Halbinsel) und mit den Semiten über Äthiopien nach Ägypten bzw. mit den Hamiten direkt über Ägypten nach dem mittleren und westlichen Afrika, also von Osten her, eingewandert sei. Diese Auffassung hat sich bis heute nicht bestätigt.

Jedenfalls ist der Hausesel bei den Ägyptern bereits Mitte des vierten Jahrtausends v. Chr. (= Negade-II-Kultur) nachweisbar und war dort gegen Ende desselben weit verbreitet. Auf einem Felsbild am Wadi Abu Wasil in der ägyptische Ostwüste sind sogenannte Penistaschenträger beim Eselfang mit Fallen wiedergegeben; BRENTJES kommentiert die

Abb. 9: Sänfte, die von zwei Eseln getragen wird. Relief aus dem Alten Reich; Ägypten, etwa 3. Jt. v. Chr. (nach A. ERMAN und H. RANKE; Zeichnung: T. SCHNEEHAGEN).

zeitliche Einordnung der Zeichnung: »Sie deutet an, daß in dieser Zeit (vor 3000 v. Chr.) in Nordafrika der Esel domestiziert wurde.« Über Marokko kam er frühzeitig auch nach Spanien und von dort aus oder direkt auch nach Italien: Auf der iberischen und Apenninenhalbinsel gibt es Felszeichnungen aus dem zweiten Jahrtausend v. Chr., auf denen er abgebildet ist (BRENTJES).

Unklar ist bisher noch, ob Seßhafte, Nomaden oder Halbnomaden den Esel in den Hausstand überführt haben. Sicher ist wohl, daß er von vornherein als Lasttier genutzt wurde. Auch der Mensch wurde als Last getragen, im Seitsitz oder im Sitz auf der Kruppe, nicht etwa als Reiter in unserem Sinne. Der Esel wurde dabei nicht gezäumt, sondern erhielt ein Strickhalfter oder ein Halsseil. Wie es noch heute in den traditionellen Gebieten der Eselhaltung üblich ist, wurde er offensichtlich von jeher seitlich von hinten getrieben und nicht, wie vom Pferd bekannt, geführt. In den 50er Jahren des 20. Jahrhunderts fand der Museumsdirektor aus dem jordanischen Amman, G. L. HARDING, bei Ausgrabungen in einer steinzeitlichen Höhle am Wadi Murabbat'at südlich Qumran (= Chirbet, Qayla) nahe der äußersten Nordwestecke des Toten Meeres einen sehr gut erhaltenen Treibstock für Esel, der über sechs Jahrtausende dort verborgen war.

Besondere Veränderungen der Leistung des Esels sind als Folge der Domestikation nicht eingetreten und auch infolge seiner - einseitigen - Nutzung durch den Menschen während der vergangenen etwa 7000 Jahre haben sich keine grundlegenden Entwicklungen vollzogen, wie wir sie im Gegensatz dazu von anderen Haustierarten kennen. Bis heute ist der Esel das Tragtier geblieben, als welches er in den Hausstand trat. Er blieb seitdem unverändert sowie auch hinsichtlich seiner Gestalt und seines Innenlebens zeitlos. Das Unvermögen, sich an andere Klimazonen (zu kalte und zu feuchte) anpassen, die zu frühe Nutzung, häufige Überlastung sowie die fast chronische Überforderung seiner Anspruchslosigkeit und Toleranz durch den Menschen in den Gebieten mit traditioneller Eselhaltung haben oft zur körperlichen Verkümmerung des Esels und zu negativen Veränderungen seiner Verhaltensweisen geführt. »Über Jahrtausende hat er für seine Treue statt Lohn meist nur Hohn und Prügel empfangen. Wieviele Flüche drangen in seine langen Ohren, wie viele Schläge mußte sein gegerbtes Fell geduldig hinnehmen!« (VARDIMAN). Und A. E. BREHM schreibt 1863 im Tierleben: »...Der zahme Esel ist durch die lange Mißhandlung so heruntergekommen, daß er seinen Stammeltern gar nicht mehr gleicht. Er bleibt nicht bloß viel kleiner, sondern hat auch eine mattere, aschgraue Farbe und längere, schlaffere Ohren. Der Mut hat sich bei ihm in Widerspenstigkeit verwandelt,

Abb. 10: Onager-Viergespann vor einem Kampfwagen, Ausschnitt aus der sogenannten »Standarte von Ur«. Die Halbesel tragen Nasenringe und Beißkörbe und ziehen mit den Halsgurten. Einlegearbeit aus den Königsgräbern von Ur/ Südirak. sumerisch, zwischen 2400 und 2 300 v. Chr. (nach B. BRENTJES; Zeichnung: T. SCHNEEHAGEN).

die Hurtigkeit in Langsamkeit, die Lebhaftigkeit in Trägheit, die Klugheit in Dummheit, die Liebe zur Freiheit in Geduld, der Mut in Ertragung der Prügel.«

Durch die sehr differenzierte Art seiner Züchtung - von der einfachen Vermehrung bis zur gezielten Zuchtwahl -, durch territorial bedingte Isolation, durch unterschiedlichste Haltungs- und Ernährungsverhältnisse (Haltung, Fütterung, Ingebrauchnahme, Nutzungsintensität usw.), vor allem in Abhängigkeit von den herrschenden Klimaverhältnissen, sind besonders hinsichtlich der Körperentwicklung zahlreiche Varianten entstanden. Schon innerhalb eines kleineren Gebietes sind sie deshalb groß und betragen in vielen Ländern bereits die maximale arttypische Toleranz; INVERSINI gibt für die Schweiz (1987) 81 bis 143 cm, DOBREV für Bulgarien (1987) 95 bis 150 cm Widerristhöhe an. Systematisch entwickelte Zuchtrassen, wie sie beispielsweise beim Pferd vorhanden waren und sind, gibt es nur selten und selbst dann sind sie nicht so eindeutig definiert, wie im Bereich anderer landwirtschaftlicher Nutztierarten.

Die für andere Haussäugetierarten typische Farbenvielfalt als Folge der Domestikation ist beim Esel allgemein nicht so ausgeprägt (vgl. Kap. 5, 7). Verschiedene Dunkel- oder Helltönungen seines Haarkleides sind als Varianten innerhalb seiner Wildfarbe und -zeichnung (Aalstrich/ Schulterkreuz/Querstreifungen an den Extremitäten sowie heller Unterbauch, helle Innenfläche der Unterschenkel, Maulring, Augenringe usw.) aufzufassen. Der bei Haussäugetieren übliche Leucismus (= Haarentfärbung), der die Pigmentausprägung und -vererbung stört, ist beim Esel offensichtlich weniger verbreitet. Vorhandene helle Esel (hellgelb, cremefarben, hell- und silbergrau) sind von weißen zu unterscheiden. Gescheckte Tiere finden wir ebenfalls. Albinos (pigmentlose Haut, deshalb rosafarben einschließlich Augenhintergrund) kommen vor; infolge fehlenden Pigments haben sie keine Wildzeichnung.

Für den ägyptischen Fellachen war der Esel als Lastenträger besonders wichtig. Eine große Rolle hat er bei der Beförderung von landwirtschaftlichen Erzeugnissen und besonders auch von Baumaterial schon in der dritten Dynastie (2640 bis 2575 v. Chr.), vor allem aber zur Zeit des Pyramidenbaues (vierte Dynastie, 2575 bis 2465 v. Chr.) gespielt. Die damaligen Würdenträger besaßen tausende Esel. Reiche Ägypter ließen sich in Tragsesseln, die zwischen zwei Eseln aufgehängt waren, befördern. Auch zum Austreten (= Dreschen) von Getreideähren wurden Esel von Anfang an benutzt. Erst von etwa 2000 v. Chr. an ist ihre Verwendung als Reittier bekannt. Nach VARDIMAN wurde dafür der früheste Beleg im heutige libanesischen, über sechs Jahrtausenden alten Byblos (= Djébail) auf einer goldenen Dolchscheide aus dem Zeitraum 17. bis 15. Jahrhundert v. Chr. gefunden.

Bei den Nomaden, auch bei denen in Nordafrika, diente der Esel zum Transport beweglicher Habe, auch der Frauen und vor allem der Kinder. Der Hausesel förderte die Beweglichkeit des nomadisierenden Stammes; so ist deshalb auch denkbar, daß der viehbesitzende Seßhafte dadurch erst zum Nomaden werden konnte. Es ist auch der Zusammenhang mit der Tatsache zu sehen, daß das Dromedar erst im dritten Jahrtausend als Lasttier - nachgewiesen zum Beispiel in der dritten ägyptischen Dynastie - später als Reittier im Niltal auftrat, in den langsam versteppenden Randgebieten vielleicht etwas früher.

Soweit bekannt ist, gab es noch bis zum Ende des zweiten Jahrtausends v. Chr. in Ägypten, möglicherweise auch in anderen Gebieten Nordafrikas, Wildesel und Hausesel nebeneinander; TUTANCHAMUN (regierte 1347 bis 1338 v. Chr.) und RAMSES III (regierte 1184 bis 1153 v. Chr.) jagten noch Wildesel. Als Sinnbild des Bösen galt der eselsköpfige ägyptische Gott Seth. Dem Esel ist also eine bestimmte kultische Bedeutung im alten Ägypten beizumessen. Ansonsten war er ein geplagtes Haustier: Er zog den Pflug, stampfte die Saat in die Schlammerde, schleppte die Ernte zur Tenne, zog den Dreschschlitten, drehte die Wasserschöpfräder im Kreis. Schwerbeladen schleppte er Erz von den Goldschürfwerken zwischen Assuan und Khartoum nach Unterägypten, ebenso Kupfer und Türkis aus den Minen der Sinaihalbinsel.

Mit der intensiven Handelstätigkeit der Ägypter des Alten Reiches (2778 bis 2263 v. Chr.) und auch durch Eroberungen verbreiten sich Hausesel – vorwiegend Abkömmlinge des Nubischen Wildesels - vom Niltal und wahrscheinlich auch von der nordostafrikanischen Mittelmeerküste über Palästina rasch nach Vorderasien. Über Marokko kam er auch auf die iberische Halbinsel, wo ihn Felsbilder aus dem zweiten Jahrtausend zeigen. Mit hamitischen Stämmen gelangte der Hausesel - vorwiegend Nachfahren des Somali-Wildesels - zum mittleren Norden und zum Nordwesten Afrikas; in seinem Herkunftsgebiet ist er auch heute zu finden.

Besonders der Süden Arabiens und die Flußtäler Mesopotamiens wurden zuerst - im vierten Jahrtausend - erreicht. In Südarabien entstanden Reiteselrassen, pferdegroße, weiße Esel, die später als Maskat-Esel berühmt und unter anderem auch nach Ägypten verkauft wurden. Bis in unser Jahrhundert wurden sie von den Herrschenden sehr geschätzt. KELLER schreibt noch 1963, daß nur den Mitgliedern regierender Familien auf der Insel Sansibar das Reiten auf weißen Eseln vorbehalten ist. In ganz

Abb. 11: Dionysos ruht auf einem Esel, ein Trinkgefäß in der Hand. Tetradrachme aus Mendè, um 430 v.Chr. (Zeichnung: T. SCHNEEHAGEN).

Vorderasien ist im klassischen Altertum die Existenz von asiatischen Halbeseln und den aus Afrika stammenden Hauseseln nachgewiesen, ebenso deren Kreuzungen, über die noch kurz berichtet wird. Daher kommt auch die häufige Verwechslung des Begriffes Wildesel mit den ja wild lebenden, nicht domestizierten Halbeseln. Auch in der frühen Literatur geschieht das, weil diese in Gebieten entstanden ist, in denen die afrikanische Wildart des Hausesels nicht bekannt war. So kann man zum Beispiel im frühchristlichen, in altgriechischer Sprache im zweiten Jahrhundert verfaßten Physiologus (Kapitel 9) lesen: »Vom Wildesel. Es steht im Buche Hiob (39, 5) geschrieben: Wer hat den Wildesel freigelassen? Der Physiologus sagt über den Wildesel, daß er ein Herdenanführer ist. Wenn die umherschweifenden Stuten männliche Fohlen werfen, beißt ihnen der Vater die Geschlechtsteile gänzlichst ab, damit sie nicht zeugen können (Von daher haben es die Perser gelernt, Eunuchen zu machen.).....«. Auch die römischen Schriftsteller verstanden unter Wildesel die asiatischen Halbesel, von denen der Onager am häufigsten vorkam. Die im vorliegenden Buch verzeichneten altgriechischen und lateinischen Bezeichnungen sind auch so zu erklären.

Vorderasien entwickelte sich frühzeitig zu einem Zentrum der Zucht und Nutzung des Hausesels. Auch Funde in den Hethitergräbern bestätigen das (HERRE und RÖHRS). Es ist nachgewiesen (CHILDE), daß bereits um 2000 v. Chr. Waren zwischen Babylon und Kleinasien durch Esel befördert wurden. Die vor 1500 v. Chr. gegründete syrische Hauptstadt Damaskus nannte sich in Keilschrift Stadt der Esel. Dieser breitete sich im zweiten Jahrtausend v. Chr. rasch in Kleinasien aus; die Zunahme der Trockenheit als Folge der Zerstörung der Bodendecke im Nahen und Mittleren Osten hat seine Verbreitung, ebenso wie die des Dromedars, besonders gefördert.

Im Zweistromland diente der Esel aber vorwiegend als Lastenträger, wie auch noch heute. Zwischen 1950 und 1750 v. Chr. gründeten assyrische Kaufleute in weiten Teilen Kleinasiens ihre Handelsniederlassungen und reisten enorme Strecken. So wanderten sie über wenigstens 1600 km von Assur, damals noch am Tigrisufer gelegen, ungefähr längs der heutigen Südgrenze der Türkei über Charran und den nordwestlich Adana zu überwindenden Paß, die Kilikische Pforte, nach Anatolien mit Karawanen von 250 bis 300 Packeseln. Auch in den Mari-Texten des 18. Jahrhunderts v. Chr. werden Eselherden erwähnt: Die halbnomadisierenden Hanäer, die bei der bedeutenden Handelsstadt Mari (heute Tell Hariri / Syrien) am Euphrat lebten und dort für Kriegsdienste Boden erhielten, besaßen 3000 Lastesel, die sie samt Treiber zu Reitzwecken und für die Landwirtschaft vermieteten.

Die den Euphrat flußabwärts von Armenien nach Babylon treibenden Schiffe führten stets mehrere Esel mit. »Wenn sie in Babylon ihre Ladung an den Mann gebracht haben«, berichtet HERODOT (um 484 bis 425 v. Chr.), »bieten sie auch das Gerippe des Fahrzeuges und das Stroh (zum Auffüllen des Gerippes) zum Verkauf an, die Felle aber laden sie auf den (die) Esel und ziehen damit wieder zurück nach Armenien. Denn den Fluß hinauffahren kann man nicht, dazu ist er viel zu reißend, und deswegen sind auch die Fahrzeuge von Leder und nicht von Holz. Sind sie mit ihrem Esel in Armenien wieder angekommen, so machen sie sich von neuem ein solches Fahrzeug ...«. Im Tell Chagar Bazar gefundene, aus dem 19. Jahrhundert v. Chr. stammende Tontafeln erwähnen drei Eselrassen, die den verschiedenen Haltungs- und Nutzungsbedingungen Rechnung trugen. Als damals oft einziges Transportmittel war der Esel je nach Eignung und Größe einen hohen Preis wert: Im Zweistromland konnte er bis zu 40 Sekel von je 8.4 Gramm Silber kosten, während eine Frau oder ein Sklave schon für je 20 bis 30 Sekel zu haben waren! Eselfleisch wurde dort und im persischen Großreich überhaupt anscheinend noch bis mindestens ins fünfte Jahrhundert v. Chr.

umfangreich gegessen, allerdings offensichtlich nur von denjenigen, die es damals bezahlen konnten. Nach HERODOT lassen in Persien die »Reichen ganze Ochsen, Pferde, Esel und Kamele im Ofen braten und auftragen, den Armen aber genügen kleinere Tiere...«

Unter den herrschenden Bedingungen konnte ein mittelgroßer Esel mit der üblichen Last von maximal 105 kg etwa 30 bis 40 km pro Tag zurücklegen. Die auch oft zusammengestellten Eselkarawanen mußten sich natürlich nach dem schwächsten Tier richten und konnten nur Trockengebiete bewältigen, in denen sie ausreichend mit Wasser versorgt wurden, das sie entweder selbst mitschleppten oder das auf Kamelen transportiert wurde, die sie begleiteten. Die Besitzer großer Eselherden ließen diese auch auf ihren Grabmälern darstellen. MAZOILLIER gibt im Buch von DAUMAS für Esel in Syrien 1853 noch wesentlich höhere Traglasten an: »...Die cyprische Race zeichnet sich durch ihren hohen Wuchs aus, die Tiere sind oft eben so groß wie Pferde; sie sind sehr kräftig, haben lange Hufe und können schwere Lasten tragen, so laufen sie z. B. ganz gut mit 200-250 Kilogrammes (427-534 Pfund) Getreide. Werden sie in Syrien aufgezogen, so werden sie noch größer und sind in bergigen Gegenden vorzüglich brauchbar. Bei weichem Boden sinken sie dagegen mit ihren langen und etwas spitzigen Hufen tief ein. Das so kräftige Tier wird der Feuchtigkeit gegenüber schwach und unbrauchbar; selbst für Regenwetter zeigt es eine Abneigung, die an Feigheit grenzt, es hält still und dreht sich mit dem Rücken gegen den Regen, woher auch das arabische Sprichwort stammt: »Er macht es wie ein Esel, er dreht der Gnade Gottes (so nennen sie nämlich den Regen) den Rücken zu....«.

Abb. 12: Esel als Tragtier auf einem frühdynastischen Siegel aus Ur/ Südirak, etwa 3. Jt. v. Chr. (nach D. van BUREN; Zeichnung: T. SCHNEEHAGEN).

4 Verbreitung, Kulturgeschichte und Einsatz des Hausesels

In der griechischen Mythologie spielte der Esel eine bis heute noch wirkende Rolle. Als volkstümliches Symbol wilder Zeugungslust wurde er mit der ityphallischen Gestalt des Priapos verbunden, der aus den als Volksgötter verehrten Vermittlern der Geschlechtsfreuden seit dem fünften Jahrhundert v. Chr. von Athen aus zum Hauptgott der Fruchtbarkeit, der Geschlechtslust und -kraft besonders herausgehoben wurde. Auch im späteren Römischen Reich wurde er kultisch verehrt. Hier hinein gehört auch der ursprünglich aus dem thrakisch-phrygischen Kulturkreis stammende Kult um den Fruchtbarkeitsgott Dionysos, der sich bis nach Indien und ebenfalls im Römischen Reich verbreitete. Dort wurde er zu Bacchus, später zusätzlich zum Gott des Weines. Er war stets von Satyrn, Silenen und Nymphen begleitet. Ihm zu Ehren erfolgten phallische Prozessionen und orgiastische Feste. Neben dem Ziegenbock trat als Sinnbild für die Sexualität schlechthin der Esel als Begleiter des Gottes auf. Das hängt offensichtlich auch damit zusammen, daß er sich in vor- und frühgriechischer Zeit, wie schon erwähnt wurde, als Erzeuger von Maultieren (= Eselhengst mal Pferdestute) betätigte, was ihm nur dank seiner ausgeprägten Deckfreudigkeit - ohne Rücksicht auf arteigene Düfte - möglich war.

Von den orgiastischen Festen her hat der Esel auf dem Umweg über Italien Eingang in den christlichen (katholischen) Karneval als Spottfigur gefunden. Bis heute haben sich einige der damit verbundenen, geradezu barbarische Riten territorial gehalten. So berichtet BROWN noch 1987, daß entsprechend dem alten Karnevalsbrauch im spanischen Dorf Villanueva de la Vera (südwestlich von

Abb. 13: Ausschnitt aus dem Zug der semitischen Familie von Abb.14.

Madrid) ein Esel anläßlich der Fiesta rituell getötet werden sollte; nur scharfe internationale Proteste und der Freikauf des Esels als Folge einer Pressekampagne verhinderten diese Tat.

Erwähnenswert ist die Verbindung des Esels mit Typhon, dem Gott der zerstörenden Naturkräfte. Er entsprach dem schon erwähnten eselsköpfigen altägyptischen Gott Seth - Sinnbild des Bösen -, der sich mit Horos - Sinnbild des Himmels, der Sonne, ursprünglich auch des Königs - die Macht der Pharaonen teilte. Griechische und später auch römische Wettkämpfer ließen sich kleine Bleitafeln mit dem Abbild Seth oder Typhon und magischer Symbole gießen, die sie während des Kampfes nach ihren Gegnern warfen, um dadurch einen Unfall zu veranlassen.

Aus dem mittleren Kleinasien ist uns auch eine der ältesten griechischen Legenden, in der der Esel eine Rolle spielt, die Midas-Sage, überliefert. MIDAS I. von Sardes, König des 738 v. Chr. gebildeten Großreiches Phrygien, war durch seinen Reichtum berühmt. Er wurde aber durch den Gott des Lichts, Apollo, mit Eselsohren - deshalb auch Midasohren genannt - bestraft, weil er sich in einem Wettstreit zwischen dem Kithara spielenden Apollo und dem flötespielenden Pan, dem Schutzgott der Hirten und der Kleintiere, sich für letzteren entschied. MIDAS I. verbarg seine neuen Ohren unter der phrygischen Mütze. Das Geheimnis kam heraus. Sein Friseur sprach es in eine Erdgrube und das Schilfrohr erzählte es bei Wind weiter, wie es zum Beispiel in einem Gemälde von TINTORETTO (1518 bis 1594) dargestellt ist. Nach seinem Tode wurde Midas I. vergöttlicht und in Gestalt eines Esels dargestellt. Zahlreiche antike Vasenmalereien haben diese Angelegenheit zum Inhalt.

Zur Regierungszeit König EUMENES II. von Pergamon (197 bis 159 v. Chr.) - er ließ die Stadt und den Pergamonaltar erbauen - wurde im westlichen Kleinasien ein Verfahren entwickelt, Tierhäute, vor allem Eselshäute, so glatt und geschmeidig zu machen, daß sie gut beschrieben werden konnten; als Pergament war dieses Material bald weit verbreitet.

Einen interessanten Beitrag zur Zuchtgeschichte des Hausesels bilden auch die zahlreichen Fabeln, die der aus Phrygien oder Thrakien stammende griechische Erzähler AISOPOS im 6. Jahrhundert v. Chr. sammelte, schrieb oder die ihm zugeschrieben werden. Sie zeigen die schon damals vorhandene umfangreiche Kenntnis der anatomischen, physiologischen und psychologischen Merkmale und Eigenschaften des Esels sowie seine Nutzung durch die Menschen im Klassischen Altertum.

Als eines der wenigen Völker benutzten die Israeliten Esel als Reittiere. So erwähnt es die Bibel an mehreren Stellen des Alten Testaments. Josef und seine Brüder ritten auf Eseln nach Ägypten, um Getreide einzukaufen und bei 2. Mose 4,20 heißt es: »Also nahm Mose sein Weib und seine Söhne und führte sie auf einem Esel und zog wieder nach Ägyptenland und nahm den Stab Gottes (= Hirtenstab) in seine Hand«, die Reitesel wurden also geführt und, vorwiegend von hinten, getrieben. Christus wird beim Einzug in Jerusalem auf einem Esel dargestellt. Die symbolische Bedeutung des Esels in der Bibel wird durch die Erzählung vom Zauberer Bileam (4. Mose 22) deutlich und in Deborah und Barack Triumphlied (5. Richter 10) heißt es: »Die ihr auf weißen Eseln (MARTIN LUTHER übersetzte: ›auf schönen Eselinnen‹) reitet, die ihr auf Teppichen sitzet und die ihr auf dem Wege gehet: singet!« Offensichtlich war der Esel ein akzeptables Repräsentationstier der oberen Zehntausend. Laut 2. Samuel 16.2 erhielt König DAVID (1012 bis 972 v. Chr.) ein Paar gesattelte Esel »... für das Haus des Königs, darauf zu reiten ...«. Im Israel des zweiten Jahrtausends war der Esel einziges Reittier der Edelleute und auch zur Zeit der Richter waren Esel den Vornehmen bestimmt. Weiterhin berichtet die Bibel im 10. (3, 4) und 12. Kapitel (13, 14) der Richter: »...Nach ihm machte sich auf Jair, ein Gileaditer, und richtete Israel zweiundzwanzig Jahre. Der hatte dreißig Söhne auf dreißig Eselfüllen reiten....« und »...Nach diesem richtete Israel Abdonn, ein Sohn Hillels, ein Pirathoniter. Der hatte vierzig Söhne und dreißig Enkel, die auf siebzig Eselfüllen ritten; er richtete Israel acht Jahre...«. Zum Reiten wurde den Tieren eine Wolldecke, für lange Strecken eine Art Sänfte aufgelegt, in der die Adligen reisten, einen Bewaffneten vor sich, einen Eseltreiber hinter sich. Die Frauen saßen im Seitsitz. Esel waren ein - oft das einzige - Transportmittel und hatten einen entsprechenden Preis.

Eine kultische oder sakrale Bedeutung hatte der Esel in Israel nicht. Ähnlich wie bei der Erstgeburt vom Menschen, so auch beim Esel, löst das Schaf dessen Opfertod ab: »Die Erstgeburt vom Esel sollst du lösen mit einem Schaf; wo du es aber nicht lösest, so brich ihm das Genick ...« (2. Mose 13). Der Esel war also nicht opferbar, da er als unrein galt, wie im

Abb. 14: Semitische Familie mit ihrem Oberhaupt Abisai in Ägypten (vgl. Samuel 26,6), Wandbild im Fürstengrab »Chnem-Hotep« bei Beni-Hassan am Nil/ Ägypten, etwa 1 900 v. Chr. (in: W. KELLER ; Repro: J. E. FLADE).

übrigen auch das Pferd: »Darum alles Getier, das Klauen hat und spaltet sie nicht und wiederkäut nicht, das soll euch unrein sein; wer es anrührt, wird unrein sein« (3. Mose 11). Obwohl der Esel als unrein galt, wurde er, im Gegensatz beispielsweise zum Schwein, nie einem feindlichen Gott geweiht. Wie bei Verbrechern üblich, so wurde auch mit ihm verfahren. Ein toter Esel wurde nicht vergraben, sondern aufs offene Feld geworfen, Hunden und Raubvögeln zum Fraß; so heißt es unter anderem bei 22 Jeremia 19: ... König Jojakim »soll wie ein Esel verkommen, zerschleift und hinausgeworfen vor die Tore Jerusalems.« Auf einem Gemälde aus dem 14. Jahrhundert erschlägt Kain seinen Bruder Abel mit dem Kieferknochen eines Esels (FREEDMANN und ROBINSON). Andererseits enthält die Bibel im 2. Mose 23,4 ein fast modern anmutende Bestimmung zum Schutz des Tieres, so auch des Esels: »Wenn sich das Rind oder der Esel deines Feindes verirrt hat und du triffst ihn an, so sollst du ihn wieder zurückführen. Wenn du den Esel deines Feindes unter seiner Last erliegen siehst, so sollst du ihn nicht ohne Beistand lassen, abnehmen sollst du mit ihm zusammen seine Last«.

Als RABI'A al-ADAWIYYA (eine Freigelassene aus Persien, geboren 713/14 oder 717 in Basra, wegen ihrer Gottesliebe und Askese verehrt,) auf der Pilgerfahrt nach Mekka war, verendete ihr Packesel mitten in der Wüste. Andere Teilnehmer ihrer Karawane boten ihr Hilfe an, doch sie entgegnete, sie sei nicht im Vertrauen auf sie mitgekommen. Als sie allein war, betete sie: »O Gott, geht man so mit Schwachen um, mit einer Frau, einem Fremden oder einem Kranken? Du hast mich zu Deinem Haus gerufen, dann läßt Du mitten auf dem Weg meinen Esel sterben und läßt mich in der Wüste allein.« Kaum hatte sie ihr Gebet beendet, so heißt es, bewegte sich der Esel und stand auf. Sie belud ihn mit ihrem Gepäck und setzte ihren Weg fort (ATTAR).

Eselfleisch sollte in der Regel nicht gegessen werden. Im Koran wurden die diesbezüglichen Vorschriften begrenzt übernommen. Nach der 2. Sure, Vers 168 kann Fleisch vom Hausesel verzehrt werden: »Verwehrt hat ER euch nur Krepiertes und Blut und Schweinefleisch und das, über dem ein anderer als Allah angerufen ward« (also Götzenopferfleisch).

Trotzdem gilt der Esel auch im Islam als unrein und bei einer ganzen Reihe arabischer Stämme, so bei den Šammar-Gerba, gibt es bis heute entsprechende Speisetabus, die ausdrücklich den Genuß von Eselfleisch - und auch von Pferdefleisch - verbieten (STEIN).

In Notzeiten wurde auch in Israel Eselfleisch genossen. So berichtet die Bibel in 2. Könige 6,25 von der großen Teuerung in der Stadt Samaria, die durch die Syrer belagert wurde, und »daß ein Eselkopf 80 Silberlinge und ein viertel Kab Taubenmist 5 Silberlinge galt.« Der Koran erlaubt beim Verzehr von Fleisch unreiner Tiere ebenfalls Ausnahmen: »Wer aber dazu gezwungen wird, ohne Verlangen danach und ohne sich zu vergehen, auf dem sei keine Sünde; siehe, Allah ist verzeihend und barmherzig« (2. Sure 168).

In Palästina wurden Esel, wie es bis heute auch in anderen arabischen Gebieten sowie in Nordafrika üblich ist, auch vor den Pflug gespannt, oft gemeinsam mit dem Dromedar oder, vor allem in Flußniederungen, mit Ochsen oder Wasserbüffeln. Aufgrund des Reinheitsgebots nach 3. Mose 11 und 5. Mose 14 lehnt die Bibel in 5. Mose 22 Mischgespanne zwischen reinen und unreinen Zugtieren ab. Dort heißt es: »Du sollst nicht mit Rind und Esel zusammen pflügen«.

Die Israeliten kannten die Maultierzucht; Maultiere zu züchten, war ihnen jedoch verboten (LEVITICUS). Sie nutzten aber Maultiere, die sie schon zur Zeit des Königs DAVID (1012 bis 972 v. Chr.), wahrscheinlich aus Armenien, importierten.

Abb. 15: Einzug in Jerusalem, Evangeliar aus Hachpet, 1211. Meister Markar, Jerewan/ Armenien (Matenadaran). (Repro: J. E. FLADE).

Dem Koran entsprechend gehört der Esel im islamischen Kulturkreis zu den Tieren, denen das Paradies sicher ist. J. W. von GOETHE (1749 bis 1832) hat sich im West-östlichen-Divan allerdings an die MARACCI (1698)- und MEGERLIN (1772)-Koran-Übersetzung gehalten und im Buch des Paradieses spricht er daher von nur vier begünstigten Tieren - Esel, Wolf, Hund und dem Lieblingstier des Propheten, der Katze - So heißt es dort in Anlehnung an die Erlebnisse des Propheten Mohammed:

»Vier Tieren auch verheißen war
in Paradies zu kommen.
Dort leben sie das ew'ge Jahr
mit Heiligen und Frommen.

Den Vortritt hier ein Esel hat.
Er kommt mit muntern Schritten:
Denn Jesus zur Prophetenstadt
auf ihm ist eingeritten ...

Halb schüchtern kommt ein Wolf sodann;
dem Mahomet befohlen:
Laß dieses Schaf dem armen Mann,
dem Reichen magst du's holen!

Nun, immer wedelnd, munter, brav,
mit seinem Herrn, dem braven,
das Hündlein mit den Siebenschlaf
so treulich mit geschlafen.

Abuherriras Katze hier
knurrt um den Herrn und schmeichelt:
denn immer ist's ein heilig Tier,
das der Prophet gestreichelt.«

An die Zeit, in der die Normannen den Esel nach England brachten, erinnern Ortsnamen wie Esla (nach 1066) = Esselberge (1195) = heutiges Ellesborouk an die frühe Existenz und Nutzung von Eseln in England. Auch in Kontinentaleuropa finden wir solche Hinweise, wie zum Beispiel Eselsburg a.d. Brenz, Eselshütte über Templin, der 120 km lange Eselsweg im Spessart oder auch Straßennamen wie die Eselföterstraße in Rostock (nach der Familie Eselsvot). Die auf dem Neckar eingesetzten Kettenschlepper wurden Neckar-Esel genannt; der Name erinnert an die schwere Arbeit der Esel, die die Lastkähne bis ins 19. Jahrhundert hinein flußaufwärts treideln mußten. Auch Landschaftsbezeichnungen, beispielsweise der Szamár-hegy (= Eselsberg) nördlich Budapest oder innerhalb der im 14. Jahrhundert als Zuflucht der Serben vor den Türken gegründeten Stadt Szentendre, geben Auskunft darüber, daß Esel die Produkte der dortigen Weinbaugebiete transportierten. Auch Gaststätten an Straßen, auf denen Esel getrieben wurden, sowie andere Gebäude geben solche Informationen, so beispielsweise das 1469 in Erfurt erbaute Lagerhaus Zum Paradies (= Familienname) und Esel an der Krämerbrücke, die Eselsfurth (jetzt Stadtteil Eselfürth) östlich Kaiserslautern (1306 erstmalig erwähnt), der Eselskrug in Wernigerode

(1795 erstmalig erwähnt) oder die Gaststätte Zum staubigen Esel in Mattstetten (sie führt neben einem Rössli auch einen Esel im Hauswappen), zehn Kilometer nördlich der schweizerischen Landeshauptstadt Bern. Die 1910 in Gera über die Bahnlinie nach Leipzig erbaute Straßenbrücke erhielt den Namen Eselbrücke. Ihre Linienführung bildete einen Abschnitt des ursprünglichen Eselsweges, auf dem die Mühlesel seit dem 16. Jahrhundert das Getreide von den westlich der Weißen Elster gelegenen Dörfern nach der jenseits des Flusses im heutigen Stadtteil Untermhaus betriebenen Cubamühle trugen. Noch heute erinnern ein kleines Straßenstück sowie der Eselsberg im Stadtteil Debschwitz an die fleißigen Langohren.

In Nord-Süd-Richtung läßt sich auch der Spessart noch heute auf einem historischen Eselweg durchqueren. Dieser ist etwa 120 km lang und führt durch das größte zusammenhängende Laubwaldgebiet in Deutschland.

In der ungarischen Gemeinde Zamárdi (szamár = Esel) am Südufer des Balaton hütet noch heute der Eselstein die Fußspuren des Esels, auf dem Christus in Jerusalem eingezogen sein soll. Im Matthäus-Evangelium steht (21, 2 bis 7), daß Jesus zwei seiner Jünger nahe des Ölberges von Jerusalem beauftragte:»...Gehet hin zu dem Flecken, der vor euch liegt, und alsbald werdet ihr eine Eselin finden, angebunden und ein Füllen bei ihr; löset sie auf und führet sie zu mir«...»Das geschah aber alles, auf daß erfüllet würde, was gesagt ist durch den Propheten (Sacharja 9,9), der da spricht: Saget der Tochter Zion: Siehe, dein König kommt zu dir sanftmütig und reitet auf einem Esel und auf einem Füllen der lastbaren Eselin. Die Jünger.....brachten die Eselin und das Füllen und legten ihre Kleider darauf und setzten ihn darauf.«

Durch die schlechte Haltung und Betreuung der Lastesel sowie infolge der Voreingenommenheit der Bürger gab es oft sehr viel Ärger, wie es am Beispiel der Verhältnisse im südlich Giessen gelegenen Butzbach Anfang des 19. Jahrhunderts nachzulesen ist. Nachdem bereits 1825 durch den Bürgermeister Kuhl eine Erlaubnis für das Führen von Müller-Eseln durch Butzbach nur noch für Ausnahmefälle erteilt worden war, beschwerte sich 1838 dessen Bürgermeister Zahn beim zuständigen Kreisrat:»Durch die von Müllern zu dem Frucht- und Mehltransport gebraucht werdenden Eseln wird öfters der größte Unfug in hiesiger Stadt herbeigeführt, in dem nicht selten 10, 15 und mehr dieser Tiere zusammenkommen und von ihren Treibern ohne alle Aufsicht in allen Teilen der Stadt herumlaufen gelassen werden. Auch werden sie an Privatwohnungen gebunden, worüber sich die Bewohner schon sehr beschwert haben, weil nicht allein der Ein- und Ausgang in ihren Häusern gehindert ist, sondern auch vor denselben die größte Schweinerey verursacht wird. Erst kürzlich hat wieder ein auffallender Scandal dadurch stattgehabt, daß sechs Esel, teilweise zusammengekoppelt, von ungekoppelten verfolgt in hiesiger Stadt herumsprangen..... Nicht nur in straßenpolizeylicher Hinsicht wäre diesem Unfug zu steuern, auch im sanitätspolizeylichem Betracht erachte ich sehr nötig, daß eingeschritten wird. Nicht selten sieht man sie mit Geschwüren behaftet und darauf Säcke mit Mehl liegen! Häufiger findet man die Säcke abgeworfen im Pull und Morast liegen, Tatsachen, die sich unmöglich mit einer wohlgeordneten Gesundheitspolizei vereinigen können«. Schon damals dauerte die Antwort der Behörde recht lange, denn erst nach sieben Monaten erließ der Kreisrat Küchler eine Verfügung »zur Verhütung des durch Müller-Esel zu Butzbach seither entstandenen Unfugs.«

Um den Esel haben sich auch im deutschen Sprachraum zahlreiche Legenden gebildet. In Halle (Saale) erinnert die für die Säule des 1906 erbauten Maskenbrunnen am Alten Markt von H. KEILING 1913 geschaffene Plastik »Müllerbursche und Esel, der auf Rosen geht« an die Überlieferung, nach der statt des erwarteten Besuches von Kaiser OTTO I. (912 bis 973) in Halle, der sich infolge Hochwassers verspätete, ein Müllerbursche aus der Böllberger Mühle (Böllberg ist heute ein Stadtteil von Halle) mit seinem Esel über die mit Rosen bestreuten Straßen ging. Die Darstellung dieses Ereignisses erfolgte schon in einem Relief an der Ostseite der hallischen Marktkirche 1583 (restauriert 1758) und 1585 an einem nahegelegenen Haus (hier jedoch nur der Esel). Es beeindruckte die Bürger der Stadt derartig, daß es als Wahrzeichen übernommen wurde. Bis zum 17. Jahrhundert blieb es das unangefochten. Erst 1667 schrieb der Stadtchronist CLEARIUS, daß er nicht wisse, ob »die lieben Alten« mit dem Steinrelief an der Marktkirche »den Mißbrauch des edlen Saltzwercks oder der sauren Arbeit bey demselben liebliche Nutzbarkeit andeuten wollen«. F. HONDORFF erläutert 1670 das Wahrzeichen: »Die Arbeit und der Nutz, darin Hall besteht - das Saltzwerck zeiget an, der hier auf Rosen geht.« Wenn man den etwa zehn Kilometer nördlich Melsungen gelegene Ort Körle besucht, bekommt man seit 1987 dort den Körler Esel angeboten, einen 35prozentigen Kräuterschnaps: In dieser Gemeinde kitzelte angeblich eine Magd den Esel des Pfarrers von Wollrode solange, bis er - der Esel - tot umfiel. Zur Strafe mußten die Dorfbewohner dafür einen jährlichen Eselzins an das erzbischöfliche Amt Spangenberg zahlen und wurden von den Bewohnern der Nachbargemeinden wider besseren Wissens zunächst auch noch als Esel bezeichnet; aber sie nahmen das nicht tragisch und haben 1986 zur Erinnerung an diesen Vorfall eine schöne Bronze eines lustigen, neckisch dreinblickenden Esels nach einem Modell von R. GRIESEL in Körle aufstellen lassen.

Abb. 16: »Müller und Esel, der auf Rosen geht«. Diese Plastik ziert die Säule des 1906 erbauten Maskenbrunnens am Alten Markt in Halle/Saale. Sie wurde 1913 von H. Keiling geschaffen. (Foto: J. E. Flade).

Abb. 17: »Rathaus-Esel« vom neuen Rathaus in Dresden (erbaut von 1907 bis 1912). Er wurde von G. Wrba gestaltet. Nach seiner Zerstörung 1945 steht er seit 1950 wieder im alten Glanz am Ausgang des Ratskellers. (Foto: J. E. Flade).

Abb. 18: Holzfries an der 1795 erstmalig genannten Gaststätte »Zum Eselkrug« in Wernigerode, vor dem Westerntor an der Straße in den oberen Harz gelegen. (Foto: J. E. Flade).

Verbreitung, Kulturgeschichte und Einsatz des Hausesels   43

Abb. 19: »Der Schmied von Jüterbogk«, Illustration zu einem Märchen von L. BECHSTEIN. (Zeichnung: L. RICHTER).

In den von den Brüdern JACOB und WILHELM GRIMM gesammelten Märchen (herausgegeben 1812/15) und Sagen (herausgegeben 1816/18) spielt der Esel ebenfalls eine Rolle Er tritt dort zum Beispiel als Untermann bei den Bremer Stadtmusikanten, als Gold- und Glücksbringer in Tischlein deck' dich oder Hans im Glück auf.

An die Vielzahl weiterer, dem Esel gewidmeten Zeugnissen aus dem europäischen Kulturkreis kann hier nur erinnert werden, so an die Fabeln und Prophezeiungen von L. da VINCI (1452 bis 1519), an die Tierfabeln von I. KRYLOW (1769 bis 1844), an Pferd und Esel von H. HEINE (1797 bis 1856), an die Bildgeschichten von W. BUSCH (1831 bis 1908), an den humorvollen musikalischen Le Carnaval des Animaux von C. SAINT-SAENS (1835 bis 1921) sowie an die zahlreichen anderen Gedichte in der Weltliteratur. Einige sind in diesem Buch enthalten.

Auch hat beispielsweise die kleine sizilianische Gemeinde Antillo bei Messina als Akt moralischer Wiedergutmachung dem »zu Unrecht nahezu in Vergessenheit geratenem Lasttier« durch ein Denkmal das Andenken an den Esel bewahrt. An das harte entbehrungsreiche Leben in der steinigen Herzegowina erinnert die bronzene Statue eines Esels auf dem Hauptplatz der bosnisch-herzegowinischen Stadt Mostar, deren Bürger damit ebenfalls dem zuverlässigen, unermüdlichen und anspruchslosen Grautier ein Monument gesetzt haben. Auch die Bürger von Bechen stifteten vor etwa 45 Jahren eine bronzene Eselfigur zum Gedenken an die Esel, die vom Bergischen Land die Erzeugnisse der Kleinbauern ins Rheinland, vor allem nach Köln, transportierten.

In Spanien gibt es eine Vereinigung, Adebo genannt, die sich den Erhalt des Esels als kulturelles Erbe der Menschheit und das Gedenken an seine großen Leistungen in Spanien zum Ziel gesetzt hat (1997). Ihr Vorsitzender, P. ROVIRA: »Der Esel hat die Last der Geschichte auf seinem Rücken getragen. Er hat geholfen, Pyramiden zu bauen, trug Moses ins Gelobte Land und Aristoteles zum Hofe Alexanders des Großen. Er war Zeuge der Geburt Christi und die römische Kaiserin Poppea badete in seiner Milch. Aber wie hat der Mensch dem Esel seine 6000 Jahre währende Treue gedankt? Mit Arbeit, Schlägen und Spott«. Und er fragt: »Wie können Naturschützer für das Überleben von Wildtieren wie Löwen und Elefanten kämpfen und dabei den bescheidenen Esel vergessen, der dem Menschen alles gegeben hat?«

Abb. 20: Illustration zu einer Fabel von FERENC MÓRA (Zeichnung: K. REICH).

Nicht vergessen hat den Esel auch die Familie INVERSINI aus dem schweizerischen Schalunen: Sie richtete im Dezember 1998 im vorweihnachtlichen Kornhaus Burgdorf die sicher in der Welt bisher einmalige Ausstellung »Rund um den Esel« aus, deren Exponate von zahlreichen Persönlichkeiten und Einrichtungen zur Verfügung gestellt worden waren. Tausende Besucher haben sie gesehen und so mehr Verständnis für den Esel gefunden.

Zahlreiche Aphorismen sind überliefert, die allerdings sehr häufig dem Esel als eindeutig lernfähigen, leistungsfähigen und zuverlässigem Haustier keinesfalls gerecht werden. Auch J. W. von GOETHE, der diese Tatsachen sicher wußte, hat sich von der schon vor zwei Jahrhunderten in Mitteleuropa üblichen, falschen landläufigen Meinung über das Innenleben des Esels wahrscheinlich infolge seines Ärgers überrumpeln lassen. Verzweifelt schreibt er anscheinend aus schon damals aktuellem Anlaß:

»Wo Esel erst die Herrschaft führen,
da wird man bald das Ende spüren.
Sie wissen nicht den Staat zu stützen;
sie suchen nur sich selbst zu nützen.
Doch nehmen sie in manchem Land,
Gott sei's geklagt, fast überhand«.

Aber auch in seinem wunderschönen und geistreichen West-östlichen Divan kommt der Esel nicht allzugut weg:

»Wenn man auch nach Mekka triebe
Christus' Esel, würd' er nicht
dadurch besser abgericht,
sondern stets ein Esel bliebe.«

Auch für G. BRANSTNER muß Der Esel als Amtmann (1980) für typisch menschliche Schwächen herhalten:

»Wer sich ums Gemeinwohl drückt, muß sich nicht wundern, wenn's nicht rückt. Der Esel genoß kein sonderliches Ansehen unter den Tieren. Als aber ein gemeinnütziges Amt zu vergeben war und keiner es auf sich nehmen wollte, waren alle froh, als der Esel sich dazu überreden ließ. Zum nächsthöheren Amt und den folgenden gelangte er auf die gleiche Weise, und immer waren die anderen Tiere froh, davongekommen zu sein. Bis sie eines Tages feststellten, daß sie einen Esel oben hatten. ›Wie ist der bloß dahinauf gekommen?‹ riefen da alle verwundert. Der Esel wußte das natürlich auch nicht so genau. Da aber das Amt den Esel und der Esel das Amt verdorben hatte, paßten beide ganz gut zueinander, so daß es eine Weile brauchte, bis sie den Esel wieder herunterbrachten.«

Das vorliegende Buch ist im plattdeutschen Sprachgebiet entstanden. Die dort übliche ausdrucksvolle Gebrauchsanweisung zur Vorbereitung des Intimlebens beim Menschen kann man durch U. KURZ, natürlich ebenfalls am Beispiel des »Äsels«, erfahren:

»Ein Äsel mücht ein Äselfru. - Tau allens säd sei blot 'I-AH',
Hei künn sick nich betämen   as dat de Mannslüd moegen.
un fragt' ehr bi't Rangdewuh, As hei de Sak bekeek dornah,
ob sei em giern würd nähmen. harr hei nicks mihr tau hoegen.

Dat hei verfriegt wier Knall und Fall
un künn sick got nich wihren,
dat ded ok anne Äsels all
so männigmal mallüren«.

Schon etwas positiver, wenn auch nicht frei vom Negativ-Bild des Esels, hört sich das Galgenlied Die beiden Esel von CHR. MORGENSTERN (1841 bis 1914) an:

»Ein finstrer Esel sprach einmal
zu seinem ehelich' Gemahl:
›Ich bin so dumm,
du bist so dumm -
wir wollen sterben gehen, kumm!‹
Doch wie es kommt so öfter eben:
die beiden blieben fröhlich leben.«

Aber den nachfolgend verzeichneten Wettstreit, den A. H. HOFFMANN (VON FALLERSLEBEN, 1798 bis 1874) schrieb und C. F. ZELTER (1758 bis 1832) zu einem Volkslied machte, kann man auch als Eselkenner und Kuckucksfreund akzeptieren:

»Der Kuckuck und der Esel,   Der Kuckuck sprach: ›Das kann ich!‹
die hatten einen Streit,   und hub gleich an zu schrein,
wer wohl am besten sänge   ›Ich aber kann es besser!‹
zur schönen Maienzeit.   fiel gleich der Esel ein.

Das klang so schön und lieblich,
so schön von fern und nah;
sie sangen alle beide:
›Kuckuck, kuckuck, i-a!‹ «

E. ROTH (1895 bis 1976) widmet in seinem Tierleben den Unpaarzehern, also auch den Eseln, viele freundliche Zeilen; nur einige von ihnen haben hier Platz:

> »Der Esel - nehmt mir das nicht krumm -
> ist klug und listig - Ihr seid dumm,
> wenn Ihr dies Tier, so hübsch gestaltet,
> kurzweg für einen Esel haltet
> und ihn beschimpft, ja prügelt gar -
> Habt Ehrfurcht doch vorm grauen Haar!
> Bei uns nur kam er so herunter!
> Hingegen ist er heut noch munter,
> ein guter Renner, braver Traber,
> im Land der Perser und Araber,
> und mehr mitunter als ein Pferd
> ist dort ein guter Esel wert......
> Als ein getreuer Pflichterfüller
> lieh voreinst er auch unserm Müller
> und Landwirt seine beste Kraft....
> ......Kommt man hingegen weiter südlich,
> trifft man den Esel, unermüdlich.
> Muß dort man schon den armen Bauern
> aus tiefstem Herzensgrund bedauern,
> wie seinen Esel noch erst recht,
> der ja des Allerärmsten Knecht!
> Ja, preisgegeben allen Tücken,
> der Sommerhitze und den Mücken,
> läuft er dahin, vergnügt und fügsam,
> sowie unvorstellbar genügsam!
> Die größten Lümmel auf ihm hocken;
> bald trägt er Holz und Steinebrocken,
> bald schleppt von Schilf er eine Last,
> daß drunter er verschwindet fast,
> bald zieht er bergwärts schwere Karren;
> die Kinder halten ihn zum Narren.
> Er rackert sich und gibt von früh
> bis spät sich eine Eselsmüh....«

Im Vorderen Orient, in Nordafrika sowie in Südeuropa und auf dem Balkan haben sich naturgemäß zahlreiche Legenden um den Esel, Sprichwörter und Sentenzen, die seinen Ruf widerspiegeln, erhalten. So beginnt die Sammlung vorwiegend persischer Erzählungen von

Tausendundeiner Nacht, die mindestens seit dem 10. Jahrhundert bekannt ist und bis ins 14. Jahrhundert hinein vervollständigt wurde, mit der Geschichte »Von dem Ochsen und dem Esel«; Schahrazad wird von ihrem Vater gewarnt: »Du wirst ebenso wie der Esel sterben aus Mangel an Verstand«. Oder auch: »Kaufe keine Eselin, deren Mutter im selben Stadtviertel wohnt« und »Binde die Gazelle neben dem Esel an; entweder lehrt er sie das Ausschlagen oder das I-AH!« sowie »Des Esels einziger Lehrmeister ist die Wiederholung«. In diesen Gebieten behielt der Esel bis heute überragende Bedeutung als Trag- und Zugtier. Viele Länder dieser Zonen halten Esel und Maultiere in bedeutendem Umfang (vgl. Tab. 3, 4, 6). Damit sind zum Teil traditionell bestimmte Sitten und Gebräuche verbunden. So berichtet LEO AFRICANUS (um 1492 bis um 1550) neben Kamel- und Hundetanz auch vom Tanz der Esel in Kairo.

Über Persien und seine Einwohner schreibt 1637 A. OLEARIUS (um 1599 bis 1671), daß sie Maulesel zum Reiten auf Reisen gebrauchen (sicher sind Maultiere gemeint), auch »große Herren und der König selbst«. Sie wurden so wie auch Pferde geschätzt und gehandelt. »Lastbare Esel - obschon sie allezeit in Asien mehr als in anderen Teilen der Welt gefunden werden, so halte ich dafür, daß Persien vor allen anderen orientalischen Ländern die meisten hat; wir haben von denselben in Isfahan (= Esfahan) unzählig viele angetroffen. Weil bei ihnen nicht gebräuchlich, daß man in Städten viel mit Wagen fährt, sieht man in allen Gassen viele Esel unter der Last gehen. Ihre Treiber haben an den Peitschen eine Kette, woran ein Pfriem (= Tzarwedar), mit welchem sie rasseln und die Esel immer wieder antreiben und ohne Aufhören dabei rufen. Daher haben sie ein Sprichwort gemacht: Zwei Esel und zwei faule Weiber, die wollen einen wackren Treiber.« H. BRUGSCH (1827 bis 1894) berichtet noch 1860/61 aus Persien ähnliches.

SKIPPON führt bei seiner Reise durch Italien 1663 an, er habe in Florenz Eselrennen sowie Karren- und Wagenrennen gesehen. 1831 schreibt TH. BROWN: »In Egypten und Arabien sieht man häufig sehr große und zierlich gebaute Esel, die in ihren Stellungen und Bewegungen noch weit mehr Grazie zeigen, als die spanischen. Sie gehen sicher, lebhaft und sanft, und werden von den mahomedanischen Kaufleuten, den reichsten Einwohnern, und selbst von Damen höchsten Ranges geritten. Noch vor nicht gar langer Zeit durften die Christen in Cairo auf keinem anderen Tiere reiten. In den Hauptstraßen der Stadt stehen beständig gesattelte Esel zum Vermieten bereit. Sobald ein Esel bestiegen worden ist, geht der Eigentümer als Treiber hinterher und ruft den Fußgängern zu, daß sie Platz machen sollen. Man striegelt und wäscht sie regelmäßig, und sie erhalten dadurch ein glattes glänzendes Fell. Ihr Futter besteht, wie das

Verbreitung, Kulturgeschichte und Einsatz des Hausesels

der Pferde, meist aus Häkkerling, Gerste und Bohnen. Denon beschreibt die dortigen Esel als das non plus ultra in ihrer Art, als gesund, lebhaft und guter Dinge, sanftmüthig und zuverlässig. Ihre natürliche Gangart ist ein kurzer Galopp, und so tragen sie den Reiter schnell und bequem über die großen Ebenen, welche zwischen verschiedenen Teilen jener weitläufig gebauten Stadt liegen.«

K. BAEDECKER empfiehlt in seinem Handbuch für den Reisenden (Das Mittelmeer) 1909 beim Besuch von Kairo das Reiten auf Eseln:»... Man wird sie bei Ausflügen, wo man auf Reitwegen weniger vom Staube leidet, ungern missen. Man dulde nicht die gewohnheitsmäßige Tierquälerei der Eseljungen und das beliebte Hetzen zum Galopp. Kleines Trkg. (= Trinkgeld) je nach dem Grade der Zufriedenheit.«

In seinem 1863/69 erschienenem Werk Illustriertes Tierleben setzt A. E. BREHM (1829 bis 1884) dem südländischen Esel ein besonders interessantes, freundliches Denkmal. So schreibt er unter anderem: »Nirgends dürfte die Eselreiterei so im Schwunge sein wie in Ägypten. Hier sind die willigen Tiere in allen größeren Städten nahezu unentbehrlich zur Bequemlichkeit des Lebens ... Bei der Enge der Straßen jener Städte sind sie allein geignet, die notwendigen Wege abzukürzen und zu erleichtern ... Die Eseltreiber Kairos bilden einen eigenen Stand, eine förmliche Kaste, sie gehören zur Stadt wie die Minaretts und die Palmen. Sie sind den Einheimischen wie den Fremden unentbehrlich; sie sind es, denen man jeden Tag zu danken hat, und die jeden Tag die Galle in Aufregung zu bringen wissen ... ›Sieh, Herr‹, sagt der eine, ›diesen Dampfwagen von einem Esel, wie ich ihn dir anbiete, und vergleiche mit ihm die übrigen, die die anderen Knaben dir anpreisen! Sie müssen unter dir zusammenbrechen; denn es sind erbärmliche Geschöpfe, und du bist ein starker Mann! Aber der meinige! Ihm ist es eine Kleinigkeit, mit dir wie eine Gazelle davonzulaufen‹ ... ›Das ist ein Kahiriner Esel‹, sagt der andere, ›sein Großvater war ein Gazellenbock und seine Urmutter ein wildes Pferd. Ei, du Kahiriner, lauf und bestätige dem Herrn meine Worte! Mache deinen Eltern keine Schande, geh an im Namen Gottes, meine Gazelle, meine Schwalbe!‹ Der dritte suchte beide womöglich noch zu überbieten, und in diesem Tone geht es fort, bis man endlich eines der Tiere bestiegen hat. Dieses wird nun durch unnachahmliches Zucken, Schlagen oder durch Stöße, Stiche und Schläge des an dem einen Ende zugespitzten Treibstockes in Galopp gebracht, und hinterher hetzt der Knabe, rufend, schreiend, anspornend, seine Lungen mißhandelnd wie den Esel vor ihm. ›Sieh dich vor, Herr! Dein Rücken, den Fuß, deine rechte Seite ist gefährdet! Nimm dich in acht, deine linke Seite, deinen Kopf! Passe auf! Ein Kamel, ein Esel, ein Pferd! Bewahre Dein Gesicht, deine Hand! Weiche aus, Freund; laß mich und meinen Herrn vorbei! Schmähe meinen Esel nicht, du Lump; der ist mehr wert, als dein Urgroßvater war. Verzeih', Gebieter, daß du gestoßen wurdest ....‹. Der Esel verliert keinen Augenblick seine Lust, seine Willfährigkeit läßt sich kaum zügeln, sondern er stürmt dahin in einem höchst angenehmen Galopp, bis das Ziel erreicht ist. Kairo ist die hohe Schule für alle Esel. Hier erst lernt man dieses vortreffliche Tier kennen, schätzen, achten, lieben.«

BREHM berichtet weiter: »Eine gute Behandlung wird übrigens im Morgenlande nur den wertvollen Eseln zuteil, die übrigen führen fast ein ebenso trauriges Leben wie die unsrigen. Der Spanier zum Beispiel putzt seinen Esel wohl mit allerlei Quasten und Rosetten, bunten Halsbändern, hübschen Satteldecken und dergleichen, behauptet auch, daß sein Grautier sich noch einmal so stolz trage, wenn es im Schmucke gehe, also an Aufmerksamkeit seines Herrn sich gar sehr ergötze, behandelt seinen armen, vierbeinigen Diener aber überaus schlecht, läßt ihn hungern, arbeiten und prügelt ihn dennoch auf das unbarmherzigste. Nicht anders ergeht es dem beklagenswerten Geschöpfe in den meisten Ländern Südamerikas. ›Namentlich in Peru‹, so schreibt mir Hasskarl, ›ist der Esel das geplagteste Wesen der Welt und das allgemeine Lasttier. Er muß Steine und Holz zu den Hausbauten, Wasser zu den Haushaltungen und sonstige Lasten, kurz alles schleppen, was man nötig hat und infolge der Faulheit der Menschen nicht gern selbst tragen will. Dabei setzt sich der gewichtige Zambo oder Mischling noch dazu hinten auf und schlägt ohne Erbarmen auf das arme Tier los. Zwei Reiter auf einem Esel sind ebenfalls gar nichts seltenes. Es gibt in Lima (= Hauptstadt Perus) ein Sprichwort, das diese Stadt für den Himmel der Frauen und die Hölle der Esel erklärt. Niemals sieht man den Esel hier wie in Europa im trägen, langsamen Schritt sondern stets im Laufe oder Tritte gehen. Nirgends hört man so oft wie hier das klägliche I-a und dazwischen das Fluchen und Treiben und das Klatschen der Peitsche, und noch jetzt fühle ich mich auf die Plazza major in Lima versetzt, wenn ich unerwartet Eselgeschrei vernehme.‹«

Prinzipiell kann davon ausgegangen werden, daß der Esel in warmen Ländern mit trockenem Klima (Tab. 5) am besten wächst und sich am wohlsten fühlt, wenn zugleich ausreichend Tränkwasser verfügbar ist. Dem Kamel gegenüber - sowohl dem einhöckrigen Dromedar als auch dem zweihöckrigen Trampeltier - ist er diesbezüglich jedoch weit anspruchsvoller, was seine Verwendung in wasserlosen Wüsten und wasserarmen Steppen mehr oder weniger einschränkt. Feuchtigkeit und Kälte, vor allem beides zugleich, verträgt er weit weniger als das Pferd. An geschlossene Waldgebiete paßt er sich kaum oder nicht an. Von seinen biologischen Ansprüchen her gesehen gedeiht er deshalb in den ariden Klimazonen Vorderasiens (zum Beispiel Vorderer Orient, Randgebiete der Arabischen Halbinsel), Mittelasiens (zum Beispiel Afghanistan, Iran, Nord- und Mittelindien, Pakistan,) und Ostasiens (unter anderem die Mitte und der Norden Chinas), in Südeuropa (zum Beispiel Albanien, Bulgarien, Bosnien-Herzegowina, Griechenland, Jugoslawien, Kroatien, Süditalien, die mittlere und südliche Pyrenäenhalbinsel) mit dem gesamten Mittelmeerraum (zum Beispiel Malta, griechische Inseln, Zypern) und Afrika nördlich des fünften Breitengrades (zum Beispiel Ägypten, Äthiopien, gesamtes Nordafrika, Mauretanien, Niger, Nigeria, Sudan) besonders gut, wenn seinem Wasserbedarf entsprochen werden kann. In seinen Biologischen Schriften hat sich schon ARISTOTELES (384 bis 322 v. Chr.) zur Abhängigkeit des Esels von den Klimaverhältnissen geäußert und festgestellt, daß »in Illyrien, Thrakien und Epirus die Esel klein« sind und bei den Skythen und Kelten »nicht fortkommen, weil diese Länder zu rauh und kalt sind«.

Zu den biologischen Aspekten kommen bestimmte gesellschaftliche und soziale Ursachen, die die umfangreiche Eselhaltung in einigen der vorstehend genannten Gebiete mitbedingen. Völker oder deren Klassen und Schichten, die dort noch heute an oder sogar unterhalb der Armutsgrenze leben, nutzen den genügsamen Esel als »Pferd des armen Mannes«, wie auch die anspruchslose Ziege bei diesen Volksstämmen von alters her die Rolle der Kuh übernahm, bei zu großer Besatzdichte und ständiger Futterarmut sehr zum Schaden der Vegetation in diesen Gebieten (zum Beispiel afrikanische Steppen- und Wüstenrandgebiete, Griechenland, Türkei), der sich in Umfang und Wirkung potenziert und zur weiteren Verschlechterung der Lebensgrundlage für Menschen und Tiere beiträgt. Die heutige Situation, die fast ausnahmslos auf langfristige historische Gegebenheiten zurückzuführen ist, zeigt diese Zusammenhänge in den Staaten, in denen die Entwicklung stagniert oder rückläufig ist, erschreckend deutlich.

Weiterhin ist zu berücksichtigen, daß Esel vorwiegend auch in Ländern gehalten werden, die entsprechend ihrer Landwirtschafts-, Gewerbe- und Transportstruktur auf ihre Verwendung als Zug- und Lasttiere nicht oder noch nicht verzichten können oder in denen der Einsatz von Eseln unter speziellen wirtschaftlichen und ökonomischen Gesichtspunkten erfolgt. Das ist zum Beispiel im Weinbau in Bulgarien, Portugal und Spanien, im Olivenanbau in Griechenland, Jugoslawien, Kroatien oder Vorderasien der Fall. Es betrifft weiterhin umfangreiche Transportaufgaben in den schwer zugänglichen Gebirgsgegenden Afghanistans, Chinas, Indiens, Pakistans, Mittel- und Südamerikas, allgemein auch in Nordafrika und

Vorderasien. In Nepal sind zur Zeit noch täglich 400 kleine Packesel (81 bis 92 cm Widerristhöhe) auf den Routen nach China und Indien eingesetzt, die schwankende Holzbrücken über reißende Flüsse und auch die mehr als 6000 m hohen Pässe des Himalaya überqueren. So ergibt sich also, daß unter Berücksichtigung der oben genannten Verhältnisse die Hausesel in den Klimazonen heute noch besonders verbreitet sind, an die sie sich optimal anpassen können (Tab. 4). Es fällt dabei auf und zeigt die ganze gesellschaftliche Problematik, daß der Bestand an Eseln (bzw. auch an Maultieren) dort relativ hoch und stabil, in einigen Fällen sogar in den letzten Jahrzehnten noch gestiegen ist (Tab. 6), weil die durch das zum Teil extreme Wachstum der Bevölkerung, beispielsweise in Ägypten, bedingten hohen Ansprüche an die landwirtschaftliche Produktion und die Infrastruktur kaum durch Modernisierung in Landwirtschaft und im Transportwesen aufzufangen sind, damit also die Ablösung tierischer Zug- und Transportkräfte durch technische Mittel wenigstens zur Zeit nicht erfolgen kann.

Das Gegenteil ist der Fall: Die steigenden Forderungen werden zum Teil durch eine weitere Erhöhung der Anzahl von Zug- und Tragtieren kompensiert, deren Vorhandensein trotz größter Anspruchslosigkeit an die Ernährung, wie bei Esel oder Kamel, das Nahrungsdefizit weiter vergrößert, ohne jedoch eine durchgreifende Verbesserung der Ernährungsgrundlage oder des Transportwesens zu erreichen.

Tab. 3: Gesamtbestand an Eseln, Maultieren und Pferden 1982 und 1984 in Millionen Stück. (FAO production yearbook, Bd. 38).

Kontinent	Esel		Maultiere		Pferde	
	1982	1984	1982	1984	1982	1984
Europa (ohne Rußland/GUS)	1,2	1,2	0,5	0,5	5,2	4,9
Rußland/ GUS	0,4	0,3	0,001	0,002	5,6	5,7
Afrika	12,1	12,2	2,3	2,3	3,6	3,7
Amerika	7,2	7,2	6,9	7,2	31,7	32,1
Asien	18,0	19,0	5,1	5,3	17,4	17,0
Australien und Ozeanien	0,005	0,005	–	–	0,5	0,5
Erde gesamt	38,9	39,9	14,8	15,3	64,0	63,9

So werden Hausesel dort bis heute fast ausnahmslos als Produktionsmittel eingesetzt; letztlich betrifft das auch die Tiere, »die Touristen schleppen« (RADNAI), soweit es in den zahlreichen Ländern mit traditioneller umfangreicher Eselhaltung der Fall ist. Es besteht also zur Zeit dort noch eine gegensätzliche Entwicklung zur Pferdehaltung.

Verbreitung, Kulturgeschichte und Einsatz des Hausesels 53

Das Pferd ist in seiner weitaus überwiegenden Mehrzahl aus dem landwirtschaftlichen Produktionsprozeß bzw. aus dem Gewerbe- und Transportbereich ausgeschieden und wird zunehmend als Sport- oder auch Luxustier gehalten. Es ist dies eines der Kennzeichen für den hohen und sich noch weiter erhöhenden Lebensstandard vor allem in den Staaten, in denen schon aus klimatischen Gründen eine günstige Entwicklung der Futter- und Nahrungsgüterproduktion möglich war und ist.

Dieser Funktionswandel des Pferdes, der im Verlauf der 70er Jahre unseres Jahrhunderts in Europa und Nordamerika im wesentlichen zum Abschluß kam, hat deshalb zu krasser Abnahme oder zum vollständigen Verschwinden der meisten Zugpferderassen und damit auch zur Verringerung des Gesamtpferdebestandes geführt (Tab. 3). Dagegen ist der Weltbestand an Eseln (und Maultieren) noch immer angestiegen und wird entscheidend durch den Zugang in Asien in seiner Zuwachsrate bestimmt.

Bis heute verwendet man den Hausesel in Nordafrika und Vorderasien umfangreich. Trotzdem wird im Vergleich zu anderen Haustieren der nomadisierenden Stämme seine Zucht stark vernachlässigt. Bei den halbseßhaften Beduinen dient er neuerdings auch als Zugtier vor dem Pflug, wird aber nach wie vor besonders als Lasttier genutzt. So transportiert er bei den Nomaden Zelte, Hausrat sowie Kleinkinder oder Kranke, ist also nicht etwa ein Reittier im eigentlichen Sinne. Er zieht Schöpfgefäße aus den Brunnen und schleppt schwere Wassersäcke (STEIN). Dabei tragen beispielsweise äthiopische Esel 40 bis 50 kg, die Esel der Massai bis zu 90 kg. Haushaltgegenstände werden bei den afrikanischen Samburu von zwei Eseln getragen; die tägliche Wegstrecke mit dieser Last liegt maximal bei 24 km.

In schwierigen Berggebieten im Nordwesten der Somalihalbinsel verdrängen die Esel die Lastkamele, ebenso in den Wüstenrandzonen die Lastochsen (Fütterungsmöglichkeiten werden immer geringer). Bei einigen afrikanischen Volksstämmen, so bei den Turkana und Westmassai, werden Esel auch wegen der Milchproduktion gehalten. Grundsätzlich ist bei allen afrikanischen Stämmen das Reiten auf Eseln selten, bei einzelnen Völkern (Afar, Somali, Galla, Turkana und anderen) fast eine Schande; bei anderen dürfen es Frauen und Kinder. Beim Stamm der Dodoth reiten sie nur »Hexen« (SCHINKEL).

Die Semiten (ägypt.: Sandbewohner) nutzten Hausesel frühzeitig. Eine semitische Familie mit ihrem Oberhaupt Abisai (nicht der biblische Abisai nach 1. Samuel 26,6; dieser lebte um 1000 v. Chr. zur Zeit König Davids) besucht den ägyptischen Fürsten Chnem-Hotep, den Regenten des

Gazellengaus unter SESOSTRIS II. (regierte 1926 bis 1878 v. Chr.). Die mitgeführten Esel trugen die Kinder sowie Geschenke und Hausrat. Die Szene ist im Grab von Chnem-Hotep in Beni-Hasan am Nil bildlich dargestellt.

Die semitischen Phöniker verbreiteten den Hausesel im Rahmen ihrer Handelstätigkeit schon im Verlauf des zweiten Jahrtausends v. Chr. von ihrem Stammgebiet an der Westküste Syriens aus über den gesamten Mittelmeerraum, wahrscheinlich noch vor den Etruskern und Griechen auch nach Sizilien und Unter- bzw. Mittelitalien, weiterhin auch in anderen Territorien, in denen er als Haustier bereits bekannt war, zum Beispiel in Nordafrika. In Spanien ist er auf Felsbildern aus dem zweiten Jahrtausend v. Chr. wiedergegeben. Denkbar ist auch, daß er über Marokko dorthin gelangt ist (BRENTJES).

Die nördlich und östlich des Schwarzen Meeres nomadisierenden Skythen lernten den Hausesel erst im Krieg mit den Persern, also nach 514 v. Chr. kennen. HERODOT (um 484 bis 425 v. Chr.) schreibt dazu: »Nun muß ich noch etwas höchst Merkwürdiges erwähnen, was den Persern zum Vorteil, den Skythen aber bei ihren Angriffen auf das Lager des Dareios (= DARAIOS I., 521 bis 485 v. Chr.) zum Nachteil gereichte, nämlich das Geschrei der Esel und das Aussehen der Maultiere ... werden im Lande der Skythen weder Esel noch Maultiere gezogen, ja es gibt dort der Kälte wegen überhaupt keine Esel und keine Maultiere. Vor dem Geschrei der Esel scheuten die Pferde der Skythen und manchmal, wenn sie beim Angriff auf die Perser einen Esel schreien hörten, kehrten die Pferde vor Schreck um und spitzten verwundert die Ohren, weil sie noch nie ein solches Geschrei gehört, noch solch ein Tier gesehen hatten.«

Auch die Inder übernahmen vor dem ersten Jahrtausend v. Chr. den Hausesel. Wahrscheinlich verwendeten sie vorher und auch noch gleichzeitig den damals zwischen Nordwestindien und Persien verbreiteten Indischen Halbesel (= Indischer Wildesel/ *Equus hemionus khur*, der heute im nordwestindischen Kutch (Naturschutzgebiet Kleiner Ran von Kutch) dicht an der pakistanischen Grenze in kleinen Beständen vorhanden ist. Mit der indischen Kultur gelangte der Hausesel weiter nach Osten und in den Malaiischen Archipel. Auch von den Chinesen und Mongolen wurde er übernommen. Im mandschurischen Gebiet Chinas hat sich bis heute ein Zentrum für die Eselzucht erhalten. China besitzt auch zur Zeit mehr Esel und Maultiere als Pferde (vgl. Tab. 4). In Japan wurde der Esel nicht heimisch.

Zu Beginn des ersten Jahrtausends v. Chr. gelangte der Hausesel über Syrien nach Griechenland. Dort wurde er unter anderem auch zur

Milchgewinnung verwendet. Die Griechen opferten seinerzeit noch Pferde, akzeptierten aber den Esel ausnahmsweise als Ersatzopfer. Esel wurden geritten, jedoch nur mit einer sattelähnlichen Auflage. Das Reiten auf Eseln ohne Sattel galt als Schande. Einem Bericht von STRABO (64/63 v. Chr. bis 20 n. Chr.) zufolge wurde in der Stadt Kyme, der um 750 v. Chr. gegründeten ältesten und nördlichsten Kolonie Griechenlands in Italien (lateinisch: Cumae, nordwestlich des heutigen Neapels), bei Ehebruch die beteiligte Frau auf dem blanken Rücken eines Esels als »onobatis« (= Eselsreiterin) durch die Straßen geführt.

Etwa seit dem fünften Jahrhundert v. Chr. ist der Göpel als Antriebsmittel für Mahlwerke in Griechenland bekannt. Er wurde in der Umgangssprache auch Esel genannt. Wahrscheinlich wurde er von den Griechen aus der alten Schwenkmühle entwickelt. Der Göpel wurde von Tieren oder von Sklaven bewegt. Schüler des ARISTOTELES (384 bis 322 v. Chr.) haben ihn erstmalig beschrieben. Die Mühlen mit Göpelantrieb wurden in Griechenland auch als Eselsmühlen bezeichnet, weil sie vorwiegend von Hauseseln angetrieben wurden. Den Eseln wurden die Augen verbunden, um die Kreisbewegung der Tiere zu erreichen. Noch heute ist das in vielen Gebieten des Orients, so bei der Feldbewässerung durch Kamele, Rinder oder Büffel, üblich. In Europa wurden noch bis in die 30er Jahre unseres Jahrhunderts Shetlandponys unter Tage in dieser Weise eingesetzt. ZEUNER berichtet, daß noch 1967 Esel nach der Göpelmethode Wasser aus dem Brunnen in Carisbrooke Castle (Insel Wight) zogen. Griechische Kleinbauern, Gärtner und Winzer nutzten den Esel vorwiegend als Arbeitstier.

Mit der Übernahme von Elementen etruskischer und griechischer Kultur ordneten die Römer den Hausesel fest in den Bestand ihrer landwirtschaftlichen Nutztiere ein. Wegen seiner Anspruchslosigkeit wurde er etwa seit dem fünften Jahrhundert v. Chr. bei militärischen Verbänden eingesetzt. Sein Mut bei der Abwehr von Raubtieren wurde dabei besonders geschätzt. Den Esel haben die Römer verschiedenartig genutzt. Er war zeitweise wichtigstes Nutztier für Feldarbeiten aller Art, vor allem in Gebieten mit leichten Böden, zum Beispiel in der Campania. Die schweren Böden wurden mit Zugpferden bearbeitet. Eselsdung wurde vornehmlich in den Gärten verwendet, besonders für den Anbau von Granatäpfeln (COLUMELLA, erstes Jahrhundert). Großkaufleute hielten Eselherden für den Transport von Öl, Wein, Getreide usw., auch zu den Exporthäfen.

Herdenhaltung von Eseln auf Weiden war üblich. Esel wurden aber auch mit Baumlaub, Reisig und Gesträuch sowie anderen minderwertigen Futterstoffen ernährt.

Tab. 4: Eselreichste Länder der Erde, Angabe in Millionen Stück auf dem Stand von (1984 nach FAO production yearbook, Bd. 38 und Anzahl je km^2).

Kontinent	Bestand	Esel je km^2	Esel in % des Equiden-Bestandes	Zum Vergleich Maultiere je km^2	Pferde je km^2
Europa					
Bulgarien	0,4	3,60	75,5	0,27	0,90
Portugal	0,2	2,17	62,4	0,98	0,33
Griechenland	0,2	1,52	50,0	0,76	0,76
Spanien	0,2	0,40	33,3	0,40	0,40
Rußland/GUS	0,3	0,01	5,0	–	0,27
Afrika					
Äthiopien	3,9	3,28	55,8	1,26	1,34
Marokko	1,2	2,70	60,1	1,12	0,67
Ägypten	1,8	1,80	99,5	–	0,01
Nigeria	0,7	0,76	70,4	–	0,32
Niger	0,5	0,45	64,3	–	0,25
Sudan	0,7	0,28	96,6	–	0,01
Algerien	0,6	0,25	27,5	0,33	0,33
Amerika					
Mexiko	2,8	1,42	23,1	1,83	2,90
Bolivien	0,8	0,73	61,9	0,09	0,36
Kolumbien	0,7	0,61	21,7	0,53	1,67
Peru	0,5	0,39	26,4	0,16	0,54
Brasilien	1,2	0,14	14,4	0,22	0,61
Asien					
Pakistan	2,7	2,84	82,8	0,06	0,53
Afghanistan	1,3	2,00	74,9	0,05	0,62
VR Jemen	0,5	1,72	99,4	–	0,01
Türkei	1,2	1,55	54,6	0,39	0,90
Iran	1,8	1,10	78,0	0,06	0,25
China	9,4	1,04	38,8	0,49	1,15
Indien	1,0	0,30	50,0	0,03	0,27

PLINIUS (23/24 bis 79) unterscheidet folgende Nutzungsrichtungen für den Hausesel:

- asinus plostrarius = Wagenesel,
- asinus dossuarius = Lastesel für Traglasten,
- asinus olitellarius = Saumtier für Traglasten im Gebirge,
- asinus molarius = Mühlenesel, vorwiegend für Fruchtmühlen.

Verbreitung, Kulturgeschichte und Einsatz des Hausesels

Tab. 5: Klimaangaben zu Gebieten mit starker Eselhaltung. (Material: KÖPPEN).

Kontinent/ Meteorologische Station	m über NN	Temperatur im Jahres- mittel °C	Niederschlag im Jahres- mittel mm	Luftfeuchtigkeit in % Jahresschwankungen Max.	Min.
Zum Vergleich: Berlin	40	8,6	580	87	65
Süd-, Südost- und Südwesteuropa					
Sofia	550	14,9	650	86	62
Athen	110	17,7	390	75	46
Neapel	150	15,8	830	73	63
Malta	20	17,9	530	81	67
Granada	670	14,7	500	86	52
Malaga	20	18,7	610	70	60
Lissabon	100	15,3	730	81	62
Afrika, nördliche Trockengebiete					
Addis Abeba	2 450	15,5	1260	83	41
Kairo	30	21,2	30	70	45
Khartoum	380	28,8	130	30	18
Tunis	40	17,9	460	71	50
Algier	20	18,3	760	67	64
Marrakesh	470	19,6	240	66	47
Togoküste	0	26,3	780	88	82
Mittelamerika, mittleres und nördliches Südamerika					
Mexico-City	2 280	15,5	590	71	47
Veracruz	10	25,2	1 720	80	76
Bogota	2 260	14,4	1 060	n.e.	n.e.
Lima	160	19,0	50	88	77
Sâo Paulo	760	18,2	1 320	90	86
Buenos Aires	20	16,6	930	86	70
Asien (Vorderasien, Mittelasien, mittlers Südasien, China)					
Jiddah	10	27,1	80	71	61
Masqat	10	26,7	130	75	50
Jerusalem	750	15,9	650	74	41
Jerewan	1 000	11,3	320	82	52
Bagdad	60	21,8	230	83	40
Karachi	10	25,3	190	78	56
Samarkand	720	13,2	320	78	48
Taschkent	480	13,5	370	77	48
Delhi	220	25,1	690	68	33
Rawalpindi	500	21,1	810	72	51
Chongqing	260	18,1	1 080	n.e.	n.e.
Peking	40	11,7	620	76	49
Harbin	160	3,3	480	77	52

Besonders wertvolle Eselhengste stammten aus Arkadien, einer griechischen Landschaft etwa in der Mitte des Peloponnes, weiterhin aus dem mittelitalienischen Reatinigebirge, etwa 100 km nördlich von Rom. PLINIUS berichtet unter anderem aus dem ersten Jahrhundert auch, daß für einen Esel (Hengst?) aus Reatini die ungeheure Summe von 60 000 Sesterzen (= je 2 1/2 As = etwa 27.5 g Kupfer), vom Senator Axius für zwei Paar Zugesel 400 000 Sesterzen gezahlt wurden.

Zuchtwahl, Züchtung, Aufzucht und anderes erfolgten wie beim Pferd. Ab dem 30. bis 36. Lebensmonat wurden die Esel zur Zucht verwendet und erst mit drei Jahren gewöhnte man sie an die Arbeit. Tragende Eselstuten wurden im Regelfall nicht genutzt. Das Zucht- und Nutzungsalter wird in der römischen Literatur übereinstimmend mit höchstens 30 Jahren angegeben. Über längere Zeit waren Hengste (auch als Eselhengste bezeichnet) aus Paarungen von Onagerhengsten (also Halbeselhengsten) mit Hauseselstuten besonders begehrt. Maultierproduktion wurde umfangreich betrieben. Das römische Heer benutzte Maultiere für Zugzwecke, die römische Post als Reittiere für ihre Postboten.

Trotz der Bedeutung des Esels in der Antike ist nachzuweisen, daß es dem Durchschnittsesel auch in Griechenland oder Rom anscheinend nicht viel besser erging als vielen seiner mitteleuropäischen Artgenossen. Er war gut für alle Arbeiten und verrichtete sie bei oft schlechtesten Fütterungs- und primitiven Haltungsbedingungen. Seine Originalität - lange Ohren, I-AH, intensiver Mutter- und märchenhafter Geschlechtstrieb - gab immer wieder zu Legenden, Aberglauben und vielfachem Gespött Anlaß. So wurde beispielsweise der römische Konsul C. S. GNAEUS (um 260 v. Chr.) wegen seiner langen Ohren »asina« genannt.

Der römische Landwirtschaftsschriftsteller VARRO (116 bis 27 v. Chr.) schreibt über die Eselstute: »Für ihre Jungen hat sie eine unbegrenzte Liebe, aber eine noch größere Scheu vor dem Wasser«. Wegen des stark ausgeprägten Geschlechtstriebes der Eselhengste verzierten die Römerinnen das eheliche Lager mit Eselsköpfen. Ob ihre diesbezüglichen Hoffnungen dadurch besser erfüllt wurden, ist allerdings nicht überliefert. Der libysch-punische Schriftsteller APULEIOS (geboren um 125) nannte seinen, auf einem griechischen Werk basierenden phantastischen Roman »Der goldene Esel« (auch: Metamorphoses = Verwandlung). In elf Bänden werden die Erlebnisse eines durch Verzauberung in einen Esel verwandelten und rückverwandelten Mannes namens Lucius geschildert. Das Werk ist bis heute eine der bedeutendsten Informationsquellen über Lebensgewohnheiten, Kultur, Sitten und Gebräuche vor allem in Griechenland des zweiten Jahrhunderts geblieben.

Verbreitung, Kulturgeschichte und Einsatz des Hausesels 59

Abb. 21: Bulgarischer Landesel x Martina Franka (130 cm Widerristhöhe) im Trab in Stara Zagora. (Foto: R. KARAIWANOW).

Abb. 22: Beim Wäschewaschen finden sich manchmal langohrige Zuschauer aus dem Süden Portugals ein. (Foto: S. FREI).

Ein den Eseln gewidmeter Gedenktag waren die jährlich am 13. Juni besonders in Rom gefeierten Iden (= Idus; im Mai, Juli und Oktober waren die Iden am 15., sonst am 13. Monatstag). Es wurde dabei das Fest der Vesta mit der Krönung der Esel begangen: »festum est Vestae, asinus coronatur«. Anlaß war, daß Esel durch ihr Schreien den Gott Lampsacus daran gehindert hatten, die Hüterin des Ewigen Feuers (damals des Staatsherdes), Vesta, zu schänden. Jungfrauen hüteten dieses Feuer. Sie nannten sich amtlich »Vestalische Jungfrauen« oder in der Bevölkerung einfach »Vestalinnen«. Anläßlich dieses Freudentages wurden die Esel, die sonst die Mahlwerke drehten, mit Blumen und Girlanden geschmückt durch die Stadt Rom geleitet.

Fleisch von Hauseseln wurde in Rom zunächst nicht gegessen. Man importierte als besonderen Leckerbissen Onagerfleisch aus Kleinasien. In den römischen Ostprovinzen wurden deshalb große Onagerherden gehalten. Angeblich brachte MAECENAS (um 69/70 v. Chr. bis 8 n. Chr.), Berater von Kaiser AUGUSTUS (63 v. Chr. bis 14 n. Chr.) zuerst den Gedanken auf, Hauseselfleisch zu verzehren. Jedenfalls wurde seit dieser Zeit allmählich auf Onagerfleisch verzichtet. Nach dem Tod von Kaiser AUGUSTUS hörte auch der Verzehr von Hauseselfleisch nach und nach auf. Nur arme Bevölkerungsschichten machten noch länger davon Gebrauch. Ob die Verwendung von Esel- bzw. Maultierfleisch in den italienischen Salamiwürsten, vor allem aus Bologna und Verona, eine diesbezügliche Tradition hat, war nicht zu ermitteln.

Eselsmilch wurde sehr geschätzt. Man verwendete sie als Heilmittel gegen Leiden der Lungen, Leber, Gallenblase und Nieren (ZEUNER). Gegen Podagra und Chiragra empfiehlt sie PLINIUS (23/ 24 bis 79): »... qui liberati sund podagra, chiragrave inter exempla sund«. Die kosmetische Wirkung war ebenfalls bekannt. Die schon erwähnte, männerverschleißende Kaiserin SABINA POPPAEA badete zur Erhaltung ihrer Attraktivität deshalb regelmäßig in Eselsmilch und hielt dafür 500 Eselstuten. Nach ihr wurden Schönheitssalbe und -pomade auch Poppaeanum benannt. Möglicherweise wurde die positive kosmetische Erfahrung bei der Verwendung von Eselsmilch aus dem Vorderen Orient und aus Ägypten importiert. KLEOPATRA VII. (69 bis 30 v. Chr.), die letzte Königin Ägyptens vor der römischen Eroberung, die Geliebte CAESARS (100 bis 44 v. Chr.) und später Frau des Antonius (um 82 bis 30 v. Chr.), erhielt sich Schönheit und Faszination wesentlich mit Eselsmilch. In einem Zaubertext aus byzantinischer Zeit des vierten Jahrhunderts, der auf einem ägyptischen Papyrus eingetragen ist, heißt es: »Wenn Du schlafen gehen willst, reinige Dein Lager mit Eselsmilch«.

Verbreitung, Kulturgeschichte und Einsatz des Hausesels

Während des Bestehens des Römischen Reiches erfolgte die Ausbreitung des Esels in Europa vorwiegend entlang der heutigen französischen Mittelmeerküste nach Westen hin (ZEUNER). Ob die bereits im zweiten Jahrtausend v. Chr. in Spanien und im ersten Jahrtausend v. Chr. bei den Kelten vorhandenen domestizierten Bestände dabei noch eine Rolle gespielt haben, wissen wir nicht.

Während ihrer fast 800 Jahre dauernden Besetzung Spaniens (711 bis 1492) bauten die Araber dort mit orientalischen Eseln eine umfangreiche Maultierzucht auf. Als der spanische König ALFONS X. 1248 einen Teil seines Landes befreite (Kastilien) ordnete er an, daß spanische Edelleute weder Maultiere noch Esel, sondern nur Pferde zu reiten hatten. Selbst noch CHR. KOLUMBUS (1451 bis 1506) mußte 1505 eine besondere Erlaubnis seines Königs FERDINAND V. (1452 bis 1516) einholen, um ein Maultier reiten zu dürfen.

Maultierproduktion wurde nicht nur in den Provinzen des Römischen Reiches, sondern auch im Stammland auf der Apenninhalbinsel betrieben. Vor allem wurden Maultiere zum Lasttransport und zum Reiten benutzt. Ein Relief in einem Grabstein der damaligen Garnisonstadt Aesernia in Mittelitalien aus der römischen Kaiserzeit zeigt einen sich von der Wirtin am Gasthaus verabschiedenden Reiter, der sein Maultier am Zügel hält. Sie macht die Rechnung auf. Folgender Dialog ist eingeritzt:

Wirtin: Einen Sextarius (etwa 0,5 Liter) Wein = 1 As (Kupfermünze, damals etwa 11 g) und Zukost, Brot = 2 As.
Gast: Gut.
Wirtin: Für das Mädchen = 8 As.
Gast: Ist auch in Ordnung.
Wirtin: Heu für das Maultier = 2 As.
Gast: Ach, das Maultier wird noch mein Ruin!

Italienische Kaufleute beförderten ihre Waren im Fernverkehr noch im ersten Jahrtausend vorwiegend mit Maultieren, so zum Beispiel auf den zwischen dem ersten und vierten oder fünften Jahrhundert erbauten, mit blaugrauen Basaltwürfeln gepflasterten römischen Straßen im Verlauf der Bernsteinrouten (Diese sogenannte Bernsteinstraße existierte seit der Halstattzeit - 800 bis 450 v. Chr. - und verband die nördliche Adriagegend und Rom mit dem Baltikum, besonders dem Samland).

Im Balkangebiet bestand bis ins 14. Jahrhundert hinein kein Straßennetz, so auch in Ungarn. Die vorhandenen Wege waren nur im Sommer und bei

Frost zu benutzen, jedoch auch dann schlecht befahrbar. Die einfachen Händler liefen deshalb zu Fuß und trugen ihre Waren auf dem Rücken, die wohlhabenderen Kaufleute ritten Esel, Maultiere oder auch Pferde und beförderten ihre Waren am Sattel. Nach Berichten der ungarischen »Képes Krónika« (= Bilderchronik, um 1375) trugen sie einen bis zu den Knöcheln reichenden roten Mantel, der den ganzen Körper gegen Nässe, Schlamm und Kälte schützte, dazu eine Kapuze, wie es schon zur Zeit des Römischen Reiches üblich war. Vermögende Kaufleute ritten später nur noch auf Pferden und ließen ihre Waren mit Eselgespannen befördern. Auch diese wurden nach und nach durch die kräftigeren oder schnelleren Pferde abgelöst. Am längsten hielten sich Esel im innerstädtischen Transportwesen. So wurden beispielsweise vor dem Bau der Budapester Zahnradbahn (1873/74 vom Városmajor zum Svábhegy/ Szabadság-Hegy, 1890 bis zum Szécheni-Hegy verlängert, 1929 von Dampf- auf Elektrobetrieb umgestellt) die Ausflügler und Waren mit Eselgespannen auf die Budaer Berge gebracht.

Abb. 23: »Schäfer vor der Schänke«. Gemälde von JÀNOS JANKÒ. (Repro: Ungarische Nationalgalerie, Budapest).

Abb. 24: »Begegnung« Aquarell von LOTTE WANKEL VON SEEBERG. (Repro: J. E. FLADE).

Noch bis ins 20. Jahrhundert hinein benutzte der ungarische Schafhirt (= Juhász) den Esel als Tragtier für Lebensmittel und Kleidung, auch als Reittier. Beim Hüten spielt der Esel die Rolle des Leittieres in der

Schafherde, die ihm folgte. Der Juhász ging mit dem Hund am Schluß, im Gegensatz zum Schäfer in Mitteleuropa, der mit dem Hirtenstab als »Alpha-Tier« am Anfang der Herde geht. (Man denke an den Bischof mit dem Hirtenstab als ein christliches Symbol, entsprechend dem 23. Psalm.) Die Hütearbeit erledigten die Hunde, ursprünglich der riesige Komondor, der Kuvász oder - heute - der kleinere Puli, Pumi und Mudi, die früher die Herde zugleich vor Räubern und Wölfen schützten. Sollte die Herde anhalten, hingen sich die Hunde auf Pfiff des Hirten an die Ohren des Leitesels und veranlaßten ihn und damit auch die Herde zum Stehen.

Bis zur römischen Invasion verehrten die Kelten einige Schutzgötter für die Tierhaltung, so die bekannte Epona für die Pferde (epos = keltisch: Pferd) oder den Gott Mullo (bedeutet Esel oder Maultier) für Pferd-Esel-Kreuzungsprodukte und Esel. Im Verlauf des ersten Jahrtausends v. Chr. wurde der Hausesel bei ihnen gezüchtet und gehalten. Er war also in Frankreich, England und Irland bekannt. Infolge der Klimaverhältnisse war seine Verbreitung jedoch nur gering. Wie dort, so wurde er auch in Mitteleuropa, von Nordeuropa nicht zu reden, infolge Mangels an Wärme und der für Esel zu großen und dauerhaften Nässe und Kälte zu einem Nutztier von untergeordneter Bedeutung. Nur für die Produktion der anpassungsfähigeren Maultiere und als Arbeitstier für begrenzte Aufgaben und Zeiträume konnte er sich halten. Dabei verlor er deutlich seine Originalität, galt als störrisch, faul, widersetzlich und dumm. Hinzu kamen noch ständige Überforderung, unzureichende Pflege, Mißhandlungen und vieles andere, die zu negativen Verhaltensweisen und damit zum schlechten Ruf des Esels führten, ganz im Gegensatz zur Wertschätzung (nicht unbedingt: Behandlung), die er als unermüdliches, fleißiges, genügsames, vielseitig nutzbares Haustier meist im Mittelmeerraum, auf dem Balkan sowie im Vorderen und Mittleren Orient sowie in Nordafrika erfuhr.

Von Italien, Südfrankreich und vom Balkan her kamen Hausesel in die gemäßigte mitteleuropäische Zone, vor allem durch die Mönchsorden und die Klöster. Dort wurden sie zum Transport von Feuerholz, Baumaterial und von Getreide in Säcken sowie für andere Tragleistungen verwendet. Von den Klöstern übernahmen die Müller den Esel zum Säcketragen. Hierbei gibt es auch Zusammenhänge mit dem Aufkommen der Windmühlen, die seit der zweiten Hälfte des ersten Jahrtausends im Vorderen Orient nachweisbar sind und wahrscheinlich über den Balkan Mitteleuropa erreicht haben. Zu den frühesten Zeugen in diesem Bereich gehören osteologische Funde von Hauseseln aus dem siebenten Jahrhundert in der Slowakei (AMBROS) sowie aus dem achten oder neunten Jahrhundert aus Tschechien nahe Mikulčice (MÜLLER).

Abb. 25: Berittener ungarischer Schafhirt in der Hortobágy-Puszta. (Archiv: J. E. FLADE).

Abb. 26: Esel und Ziege begleiten die kretische Bäuerin zum Einkaufen (Touristbüro Athen). (Repro: J. E. FLADE).

Verbreitung, Kulturgeschichte und Einsatz des Hausesels

Sprachanalogien zeigen die Verbindungen zwischen den Stammgebieten der Eselhaltung im Mittelmeerraum und dem übrigen Europa. Einige nachstehende Angaben sollen hierzu informieren:

Sprache	Bezeichnung für den Esel
Altgriechisch	ónos, kanthehlos (Lastesel), onagros (Wildesel)
Althebräisch	hamor
Arabisch	himār
Bulgarisch	magáre
Englisch	donkey
Französisch	âne
Gotisch	asilus
Griechisch	onos, killos
Hebräisch	chamour, gajedor, tartack, caar, phaerar
Holländisch	ezel
Italienisch	asino
Lateinisch	asinus, onager (Wildesel)
Mongolisch	ilžig
Norwegisch	esel
Persisch	care
Polnisch	osioł
Rumänisch	magar
Russisch	osjol
Schwedisch	åsna
Serbokroatisch	magarac
Spanisch/ Portugiesisch	Asno, burro
Tschechisch/ Slowakisch	osel
Ungarisch	szamár

1505 brachten die Portugiesen zum ersten Mal spanische Esel zur Insel Ceylon, dem heutigen Sri Lanka. Diese Esel sind inzwischen verzwergt und bilden mit durchschnittlich etwa 90 cm Widerristhöhe eine der kleinsten Eselpopulationen, die sich vor allem auf der Halbinsel Kalpitiya gehalten hat.

Aus Persien kamen die ersten Esel 1689 nach Südafrika. Sie waren gegen den Stich der Tsetse-Fliege mit seinen verheerenden Folgen widerstandsfähiger als das Pferd und verbreiteten sich nach Norden bis zum Sambesi.

Die von A. E. BREHM erwähnten südamerikanischen Esel stammen ursprünglich aus Spanien. Im 16. Jahrhundert kamen die ersten spanischen Esel zum amerikanischen Doppelkontinent. In Südamerika wurden später die dort vorhandenen Bestände mit französischen Poitou-Eselhengsten verpaart.

Tab. 6: Equiden- und Kamelbestände in Nordafrika. (BAUER).

Jahr	Esel	Maultiere	Pferde	Kamele
Ägypten (Bauer und FAO production yearbook, Bd. 38)				
1889	*169 000	**4 000	21 000	55 000
1934	702 000	18 000	34 000	155 000
1943	740 000	18 000	30 000	160 000
1984	1800 000	1 000	10 000	100 000
Tunesien (Ann. Stat. de la Tunesie und FAO production yearbook, Bd. 38)				
1928	159 000	40 000	88 000	151 000
1939	131 000	56 000	93 000	152 000
1950	131 000	43 000	69 000	162 000
1955	162 000	50 000	81 000	226 000
1984	200 000	70 000	60 000	200 000

* kleine Hausesel (Beladi) und große Reitesel (meist weiß, Hassawi)
** die Maultiere wurden fast sämtlich importiert

Nach Nordamerika wurden zunächst vorwiegend Maultiere, meist spanischer Herkunft, gebracht. Es bestand nach und nach jedoch zunehmend Interesse am Aufbau einer eigenen Maultierproduktion. Dazu mußten Eselhengste aus Europa beschafft werden. Einer der ersten Farmer, die das versuchten, war G. WASHINGTON (1732 bis 1799), von 1789 bis 1797 Präsident der USA. Er wollte einen guten Eselhengst in Spanien kaufen, schreckte aber vor dem Preis zurück. Während seiner Präsidentschaft schenkte ihm KARL IV. von Spanien (regierte 1788 bis 1809) zwei Hengste. Einer von ihnen starb auf dem Seetransport, der andere wurde unter dem Namen Royal Gift in den USA wirksam. Der Dankesbrief des Beschenkten vom 19.12.1785 liegt noch heute im Nationalarchiv Madrid. Maultiere kamen in den USA in allen Varianten vor; sie stammten aus Traber-, Kalt- und Warmblutstuten. Ihre Erzeugung war bis Anfang des 20. Jahrhunderts aktuell. Bei der Besiedlung des Wilden Westens Nordamerikas seit 1810 waren die Treckwagen sehr häufig mit den ausdauernden und anspruchslosen Maultieren bespannt, ebenso die legendären Postcoachs. Auch im nordamerikanischen Bürgerkrieg Mitte des 19. Jahrhunderts hatten die Maultiere als Zug- und auch als Reittiere in den Armeen eine große Rolle gespielt.

Verbreitung, Kulturgeschichte und Einsatz des Hausesels

Abb. 27: »Taxistand« auf der griechischen Insel Thíra (Santorini). (Foto: S. FREI).

Abb. 28: Esel sind nett zu Kindern und bereiten ihnen viel Freude, wie anläßlich des Eseltreffens in Bruchsal-Forst 1992. (Foto: J. E. FLADE).

Die ursprünglich im wesentlichen einheitliche Eselpopulation, die vor allem in den Staaten Kentucky, Missouri sowie in New Orleans verbreitet war, zeichnete sich durch große Anspruchslosigkeit aus und gedieh noch bei einer Ernährung, »wo jedes andere Tier gestorben wäre«. Sie war die Grundlage für den im 19. Jahrhundert entstandenen, noch heute in kleinen Beständen vorhandenen Kentucky-Esel. 1832 kam der erste spanische Eselhengst aus Katalanien, Warrior, nach Kentucky, 1836 der zweite, Mammoth, nach South-Carolina. Auf diese beiden Hengste geht die gesamte Kentucky-Gruppe zurück.

Wie wir wissen, erreichte der Esel im regenreichen Mittelafrika oder in den mitteleuropäischen Ländern - von West nach Ost - durch die dort vorhandene andauernde Kühle und Feuchtigkeit nicht die anatomischen, physiologischen und psychologischen Qualitäten, somit nicht annähernd die Bedeutung, die er in den warmen Klimazonen hat, an die er sich im Verlaufe der Evolution gut angepaßt hat. Es sollen jedoch aus diesen ungünstigen Haltungsgebieten einige historisch sowie biologisch aufschlußreiche Informationen vermittelt werden, die für das 19./20. Jahrhundert gelten.

Neben Spanien hatte Frankreich auch nach der keltischen Zeit eine bedeutende Eselzucht, vor allem zur Erzeugung von Maultieren. Bis ins 20. Jahrhundert hinein wurden sie für Armee, Landwirtschaft und für den Export produziert und umfangreich eingesetzt. General BONAPARTE, der spätere Kaiser NAPOLEON I. (1769 bis 1821) ritt anläßlich des Italienischen Feldzuges beim Übergang über die Alpen 1796 eine Maultierstute. Sie war schwindelfrei und auf den gefährlichen Saumpfaden trittsicher. Der Günstling des Kaisers und Maler J.-L. DAVID (1748 bis 1825) stellte ihn auf einem orientalischen Hengst eindrucksvoll dar. Das entspricht also nicht der Tatsache, sondern bedeutet eine Referenz an den Regierenden. Frankreich hatte 1862 neben 1,9 Millionen Pferden, noch 400.000 Esel.

Heute sind es weniger als 19.000. Vor allem die männlichen Riesenesel der erwähnten Poitougruppe, die ursprünglich aus Spanien kommt, wurden zur Maultierzucht verwendet und zur Erzeugung großer Maultiere an Mulassière-Pferdestuten angepaart. Diese Rasse entwickelte sich aus der bereits genannten mittelalterlichen Poitou-Pferdepopulation, die auf schwere holländische Pferde zurückging, die zur Trockenlegung der Poitousümpfe dorthin eingeführt worden waren. Seit 1885 wird diese starke, schwere und große Rasse - um 165 cm Widerristhöhe - in zwei Stutbuchabteilungen geführt: für die Reinzucht (Pferde) und für die Maultierproduktion.

Den Poitouesel erwähnt HAILER 1907 mit 140 bis 150 cm Widerristhöhe und schildert ihn unter anderem wie folgt: »Sein Kopf ist schwer und mächtig, die langen, stark behaarten Ohren müssen vorn gut offen, stramm senkrecht getragen werden. Der Hals ist sehr muskulös, gedrungen, seine Biegung liegt umgekehrt wie beim Pferd, unten. Dieser Hals ist zwischen mächtigen Schulterblättern in eine breite und tiefe Brust versenkt. Daran schließt sich in der Regel ein gedrungener Rumpf an mit hochgezogener Lendenpartie; lang gestreckte Tiere zieht man vor. Hinterbeine und Oberschenkel sind überaus kräftig, die Stärke der Unterschenkel wie auch der steil gestellten Vorderbeine kommt derjenigen des Pferdes gleich. Die Hufe, von Natur aus ja weit kleiner als beim Pferde, sind beim ›Baudet‹ (französisch: eigentlich Zuchtesel) verhältnismäßig groß und nach dem Strahlbein zu gut geöffnet. Der ganze Körper ist mit langen, wolligen Haaren bedeckt ... Die Tiere haben leichte Beweglichkeit bei großer Kraftleistung sowie Ruhe und Intelligenz.« Heute ist der Poitouesel mit etwa 200 bis 300 Zuchttieren (B. BANK) vertreten. Davon ist eine kleine Anzahl reinrassiger Tiere in der französischen Provinz Poitou vorhanden.

Für das Interesse der Franzosen an der Eselhaltung spricht auch, daß beispielsweise Eselrennen durchgeführt werden. Seit 1865 sind solche Veranstaltungen in der Gemeinde Triaize bekannt, seit 1886 auch über 2000 Meter Fête de L'Empereur (gemeint ist NAPOLEON III., 1808 bis 1873). Das Veranstaltungskomitee arbeitet seit 1972 mit festen Statuten. Es hatte seit 1907 sein Programm um Pferderennen erweitert. Heute gibt es Esel- und Pferderennen über verschiedene Distanzen. Ähnliches wissen wir auch aus dem oberitalienischen Friaul, aber dort ist das traditionelle Eselrennen vor dem Sulky Teil des jährlichen Volksfestes und kaum reglementiert.

Im 16. Jahrhundert wird die umfangreiche Eselzucht Südenglands und Nordirlands erwähnt. Über längere Zeit hat sie sich jedoch nicht erhalten und schon aus dem 19. Jahrhundert gibt es nur wenige Zeugnisse dafür. Esel wurden offensichtlich infolge des reichlichen Angebotes an englischen Pferderassen, vor allem an Ponys irischer und englischer Herkunft, nicht benötigt und waren selten. J. MORSE stellt 1826 auf einer Zeichnung (Promenade auf den Kliffen von Brighton) weibliche Badegäste in Seitsitz auf Eseln dar, welche von jungen Burschen geführt werden. Auch gab es zum Beispiel im westenglischen Seebad Blackpool für die Beförderung von Badegästen und deren Gepäck bis vor etwa 100 Jahren fast ausschließlich Esel. Seitdem dort die berühmte Straßenbahn (1885) verkehrt, sind sie nach und nach zur Touristenattraktion geworden.

Ebenfalls aus England berichtet G. VON BIEL 1830, daß ein Esel »in einem Cabriolet, in welchem zwei corpulente Personen saßen, auf einer schlechten Chaussee 9 Meilen/h (= etwa 14,5 km) machte, im Frühjahr 1824. Früher hatte derselbe Esel eine Wette gewonnen, indem er 3 Meilen (= etwa 4,9 km) in 15 Minuten sein Cabriolet zog. Der Tuchhändler, Herr D. Wilson, fuhrt im August 1824 des Abends um 12 Uhr von Ipswich nach London 70 Meilen (= etwa 112,6 km) und war am anderen Abend um 9 Uhr wieder zurück. Auf dem ganzen Wege von 140 Meilen (= etwa 225,3 km) wurde die Peitsche nicht gebraucht, und der Esel machte die Tour so, daß er 7 Meilen/h (= etwa 11,3 km) zurücklegte. Von 1761-1763 trug ein Esel den Briefboten von Colchester nach London, 51 Meilen (= etwa 82,1 km), ohne Unterbrechung. Man hat uns auf authentische Weise versichert, daß vor längerer Zeit ein Esel engagiert war, 100 Meilen (= etwa 160,9 km) in 12 Stunden auf der Round-Course zu Newmarket zu machen und daß er die Wette gewann.«

Erst während der Regentschaft von O. CROMWELL (1599 bis 1658) kamen Esel nach Irland und wurden dort zur Produktion von Maultieren verwendet. Populärer wurden sie Anfang des 19. Jahrhunderts, nachdem vor allem Zukäufe aus Schottland erfolgt waren (BORWICK).

Im Römischen Reich deutscher Nation gab es nur eine geringe, auf kleine Gewerbetreibende, Müller und Mönche begrenzte Eselhaltung. Für Berlin-Köpenick zum Beispiel ist der Hausesel erst im 12. Jahrhundert, für Helfta in Sachsen-Anhalt im 13. Jahrhundert erstmalig belegt (MÜLLER). Bedeutung hatten die Esel als Lastträger im Zusammenhang mit Bau und Bewirtschaftung der mittelalterlichen deutschen Burgen.

Fast sprichwörtlich bekannt ist dabei die Wartburg bei Eisenach, der Sage nach 1067 gegründet; der Palas wurde 1180 erbaut. Für den Ritt von Touristen zur Burganlage bestand von 1872 bis 1900 auf dem Schloßberg, ab 1900 unterhalb der Burg eine Eselstation, die noch heute vorhanden ist. Sie hat eine alte Tradition. So wird berichtet, daß Landgraf ALBRECHT der Entartete (1265 bis 1308) seine Frau, MARGARETHE von HOHENSTAUFEN, töten lassen wollte, um eine seiner schönen Hofdamen, KUNIGUNDE von EISENBERG, heiraten zu können. Dieser Legende zufolge hat 1270 ein Eseltreiber der Landgräfin MARGARETHE zur Flucht von der Wartburg nach Hessen verholfen. Das geschah über den westlichen Wehrgang der Burg, der deshalb seit dem 19. Jahrhundert die Bezeichnung Margarethengang trägt.

Offiziell werden die Eseltreiber jedoch erst 1487 erstmalig erwähnt, waren aber sicher, schon des Bauens wegen, wesentlich früher tätig. Die Bewohner der Burg wurden durch Esel mit Nahrungsmitteln und sonstigem Material, eben auch mit Baustoffen versorgt, und dies bis ins 19. Jahrhundert hinein. Das als Weltkulturerbe ausgewiesene Zisterzienserkloster Maulbronn/ Baden-Württemberg führt einer Legende nach ebenfalls seine Gründung (1147) auf die Langohren zurück. Danach hat der Ritter WALTER von LOMERSHEIM irgenwann sein Leben Gott weihen und deshalb ursprünglich eine Benediktinerabtei auf seinem Erbgut errichten wollen. Da dessen Fläche aber zur Ernährung einer solchen Einrichtung nicht ausreichte, belud man Esel mit seiner Habe, gab ihnen einen Klaps auf's Hinterteil und ließ sie laufen. Wo diese saftiges Gras und vor allem gutes Quellwasser fanden, wollte man bauen. Die Esel fanden diese Stelle, an der es auch noch Bausand, Steine und Holz gab. Man nannte sie Maultierbrunnen = Maulbronn. Das heute noch erhaltene Brunnenhaus wurde um 1350 erbaut.

Übrigens wurden auch dort die Mönche infolge ihres Aufenthaltes in den kalten Klostermauern (nur ein Gemeinschaftsraum war heizbar!) und der mangelhaften Ernährung nicht älter als ihre Esel: Nur mit 35 Lebensjahren konnten beide rechnen.

Im Verlauf der hier kurz skizzierten geschichtlichen Entwicklung der Eselhaltung wurden ganz allgemein in Deutschland größere Eselhengste von etwa 135 bis 140 cm Widerristhöhe zur Reinzucht und zur Maultiererzeugung eingesetzt.

Territorial waren besonders im Mittelalter in Süd- und dem südlichen Mitteldeutschland Esel für die individuelle Haltung verbreitet. Zu den Populationen, die sich örtlich daraus entwickelten, zählt auch der Thüringer-Waldesel. Noch 1962 erwähnt ALTMANN einen 104 cm Widerristhöhe messenden grauen Eselhengst im Thüringer Bereich. Er schreibt dazu, daß »Esel dieses Typs in der Vergangenheit im Thüringer Wald als Arbeitstiere gehalten« wurden. In den 60er Jahren wurden weitere Einzeltiere zum Kauf angeboten. In allen Fällen waren die Esel nach ALTMANN »gleichen Schlages, eines gedrungenen, kräftigen leichten Kaltbluttyps, den man unter den Kaltblutpferden in Hinsicht auf die Schwere vielleicht mit Norikern vergleichen könnte ... Sie waren bei den Verkäufern schon über viele Generationen als Arbeitstiere gehalten worden.«

In diesem Zusammenhang wird 1972 berichtet, daß es keinen ursprünglichen Thüringer-Waldesel mehr gibt. Es soll nebenbei erwähnt werden, daß in Fresken des Meisters der süddeutschen romantischen Malerei, M. von SCHWIND (1804 bis 1871) vielfach Hausesel des süddeutschen Raumes dargestellt sind.

Im deutschen Sprachgebrauch erinnern noch verschiedene Bezeichnungen an die Eselhaltung. Einige sind nachstehend genannt:

Eselsdistel	= Gattung der Korbblütler, von denen es etwa 40 Arten gibt (= *Onopordum*);
Eselshuf	= enger, hoher Huf, auch Bockhuf beim Pferd;
Eselskreuz	= zu spitze Kruppe, meist mit hohem Schweifansatz beim Pferd;
Eselskruppe	= kurze, stark abschüssige Kruppe beim Pferd;
Eselsohr	= eßbarer Schlauchpilz mit einseitig ausgezogenem, ohrförmigen Fruchtkörper (= *Otidea onotica*);
Eselsohr	= Woll-Ziest (= *Stachys germanicus*), zu den Lippenblütlern gehörende Strauchpflanze;
Eselsohren	= besonders lange Ohrmuscheln, unter anderem beim Pferd;
Eselsrücken	= nach aufwärts gebogene und scharf markierte Rückenlinie, beim Pferd auch als Karpfenrücken bezeichnet;
	= auch Bezeichnung für den Ablaufberg, den die Eisenbahn zur Zusammenstellung von Güterzügen benutzt).

1873 gab es im damaligen Deutschen Reich 11.689 Esel gegenüber 3.352.231 Pferden, 1892 waren es 6.320 Esel und 3.836.256 Pferde. Die Anzahl der Pferde stieg bis 1897 auf 4.038.485, die der Esel bis 1907 auf 10.346. Der Grund für die vermehrte Haltung von Eseln bis etwa 1910 war unter anderem der Ersatz von Hunden vor Kleinfuhrwerken und die Zunahme von Gemüse- und anderen Kleinproduzenten. Insgesamt waren die Eselbestände in Deutschland, gemessen an denen anderer landwirtschaftlicher und gewerblicher Nutztiere, auch im 19. Jahrhundert nur gering. Mit dem Ersatz tierischer Zugkräfte seit Beginn der 20er Jahre unseres Jahrhunderts verschwanden die Hausesel aus den wirtschaftlichen Bereichen nach und nach vollständig. Sie werden heute als Hobby- oder Freizeit-Tiere in kleinem Umfang gehalten.

5 Gestalt des Esels

Im Gegensatz zu anderen Haussäugetieren, besonders zu landwirtschaftlichen Nutztieren, wird der Esel kaum planmäßig, höchstens nach pauschalen Gesichtspunkten gezüchtet. In den meisten Ländern, die den Esel noch als Produktionsmittel verwenden ist selbst das nicht der Fall.

Im Bereich der Hobby-Esel-Züchtung gibt es bestimmte Ansätze zu einem Zuchtziel (BORWICK, INVERSINI). Er betrifft jedoch nur die allgemeine Klassifizierung, wie sie zum Beispiel BECZE empfiehlt (Tab. 7, 8), oder auch bestimmte Farben. In diesem Zusammenhang wird ganz allgemein die ›normale Größe‹ des Esels mit um 120 cm Widerristhöhe angegeben (unter anderem FISHER, INVERSINI, Tab. 9).

Wenn man die Gestalt des Esels beschreibt, liegt der Vergleich mit dem Pferd nahe. Wie bereits ausgeführt, gehören beide Säugetierarten zur Gattung *Equus* und haben eine gemeinsame Evolution hinter sich, an deren Ende sie sich vom gemeinsamen Stamm trennten. Große Ähnlichkeit im Körperbau und auch hinsichtlich anderer Merkmale zwischen den Equidenarten sind daher logisch und zu begründen. Sie betreffen auch den Esel.

Insgesamt ist der Esel schmaler, weniger tief und etwas länger als das Pferd sowie - das kommt auch bei Gebirgspferderassen vor, die auf Traglasten gezüchtet wurden - von kurzer Kruppenlänge. Er hat einen längeren Kopf als Folge einer größeren Stirnteillänge. Sein Hals ist verhältnismäßig kurz. Ebenso wie das Pferd, besitzt er kein Schlüsselbein, seine Schulter steht steiler. Dadurch ist der Esel nicht in der Lage, die Beine so hochzuheben, wie wir es vom Pferd kennen. Ein schleppender Gang, vor allem im Trab, ist die Folge. Da der Esel einen Lendenwirbel weniger hat als das Pferd, wird die Entwicklung einer kurzen Lende begünstigt. Sein Rücken liegt fast horizontal, der Widerrist ist nur schwach ausgeprägt. Die kurze Kruppe ist kantig, der Schwanz - der Esel hat einen Schwanz mit Quaste, keinen Schweif - hoch und deutlich angesetzt. Seine Extremitäten sind bei richtiger Aufzucht gerade gestellt. Die Fußspuren decken sich im Gang, liegen jedoch dichter nebeneinander; der Esel ist ja schmaler als das Pferd. Unter anderem deshalb kann der Esel auf schmalen Pfaden (sogenanntes Saumtier) sicher gehen. Er hat, wie anfangs erwähnt, nur an den Vorderbeinen - die Halbesel übrigens auch - die sogenannten Kastanien, im Gegensatz zum Pferd, das sie an allen Beinen aufweist. Seine Hufe sind schmaler, zylindrischer geformt als beim Pferd und stehen in der Regel steiler (Fesselgelenkwinkel).

Daß der Esel größere, vor allem längere Ohrmuscheln hat als das Pferd, ist hinlänglich bekannt. Sie verleihen ihm eine besondere Mimik und wie kaum einem anderen Säugetier seine Originalität und Attraktivität, die ihm von jeher vom Menschen eingeräumt wurde.

Tab. 7: Klassifizierung der Esel. (nach BECZE).

Größen-bezeichnung	Widerristhöhe in cm	Lebendgewicht in kg etwa
klein	unter 100	80–90
mittelgroß	100–120	nicht ermittelt
groß	120–140	nicht ermittelt
sehr groß	über 140 (auch bis 150 oder 160)	450 und mehr

Um zu konkreten Aussagen zu kommen, wurden unter Verwendung von bei Pferden üblichen Meßmethoden an Eseln von unter 100 cm Widerristhöhe alle einschlägigen Körpermaße (Kopf- und Rumpfmaße) absolut und relativ ermittelt. Es bot sich dabei an, sie mit den annähernd gleichgroßen Shetlandponys (unter 107 cm Widerristhöhe) zu vergleichen, um so die tatsächlichen anatomischen Unterschieden zwischen den beiden Equidenarten deutlich zu machen und vor allem zu soliden Angaben über die Körperform beim Esel zu kommen (FLADE).

Die in den Tabellen 13 bis 16 enthaltenen Angaben bestätigen bis in die Einzelheiten, daß der Esel im Körperbau auch relativ (in % der Widerristhöhe) vom Pferd abweicht und seine Gestalt seine besondere spezifische Eignung für die Beförderung von Traglasten deutlich erkennen läßt.

Tab. 8: Klassifizierung von Zuchteseln. (nach Material von BECZE).

	Widerristhöhe (WH) in cm (Bandmaß)	Brustumfang		Röhrbeinumfang	
		in cm etwa	in % d.WH etwa	in cm etwa	in % d. WH etwa
Hengste I.	140	150	107	19	13,5
II.	120	132	110	16	13,3
III.	110	122	111	15	13,6
Stuten I.	135	148–149	110	16	11,9
II.	115	127–128	111	13,5	11,7
III.	95	107	112	12	12,6

Gestalt des Esels

Zu der allgemeinen Aussage, daß der Esel insgesamt schmaler gebaut ist und geringere Breiten-, Tiefen- sowie Rippenwölbungsmaße (Brustumfang) aufweist, ordnet sich auch ein, daß der Kopf wenigstens durch die gleiche, wenn nicht eine größere relative Länge als beim Pferd gekennzeichnet ist (Tab. 11, 12, 14).

Tab. 9: Esel-Standards, Stockmaß. (J. E. FLADE).

Kategorie	Widerristhöhe in cm
in Großbritannien; nach FISHER	
Miniature standard	unter 91
Small standard	91–107
Standard	107–122
In Großbritannien nach Kategorien der Donkey Breed Society, (cm-Angaben gerundet)	
Miniature	unter 91
Small	91–104
Large	104–123
Spanish	über 123
zum Vergleich Angaben von INVERSINI für die »Schweizerische Interessengemeinschaft Eselfreunde«	
Zwergesel	90–105
Hausesel	106–120
Großesel	über 121

Die Gebißformel des Esels ist mit der des Pferdes identisch - 12 Schneide- und 24 Backenzähne; bei männlichen Tieren - Hengsten und Wallachen - sind noch weitere vier Hakenzähne vorhanden, bei Stuten in der Regel nicht. Beim Esel fehlen jedoch die Kunden in den Kauflächen der Schneidezähne, sodaß ihre Form und Tiefe nicht zur Altersbestimmung herangezogen werden können. Gebißanomalien, bei denen die Zähne nicht oder nicht vollständig in Reibung treten können - entweder ist der Unterkiefer länger als der Oberkiefer oder umgekehrt -, waren bei den untersuchten Eseln in keinem Fall vorhanden. Sie kommen aber bei Eseln vor, wahrscheinlich infolge von Ernährungsmängeln oder auch Krankheiten während der Aufzuchtperiode.

Die Herausbildung der Ohrmuscheln (Tab. 13) ist die bereits erwähnte Besonderheit. Bei allen gemessenen Eseln standen sie fast oder ganz senkrecht beieinander.

Im Ergebnis der Messungen (Tab. 11 bis 14) und der Beobachtung der gemessenen Esel können repräsentative Aussagen gemacht werden, die mit denen anderer Autoren, die sich auf Beobachtungen gestützt haben, wesentlich übereinstimmen. Sie sind auch in Tabelle 15 zusammengefaßt und dort mit einigen wichtigen Merkmalen des Shetlandponys verglichen.

Die Hausesel der traditionellen südlichen Haltungsgebiete (Afrika, Asien) sind bis auf Ausnahmegruppen wildfarben. Ihre Färbung schwankt dabei zwischen hell-(normal)-dunkel. Daher rührt auch die allgemeine Meinung, der Esel sei grau, ein Grautier, usw. Das ist nur sehr bedingt gültig. Seit alter Zeit gibt es Bemühungen um die Herauszüchtung und Stabilisierung bestimmter Farben, wie zum Beispiel weiß. Auch gescheckte Esel sind in Europa seit mehr als 100 Jahren bekannt. Heute wird, besonders im Freizeitbereich, eine deutliche Farbenvielfalt beobachtet (Tab. 16). Bei Spezialisierung auf bestimmte Farben muß beachtet werden, daß die meisten Farbnuancierungen in hell-dunkel-Abweichungen von der ursprünglichen Wildfärbung und -zeichnung (Aalstrich/ Schulterkreuz/ Querstreifungen an den Extremitäten sowie heller Unterbauch, helle Innenfläche der Oberschenkel, Maulring, Augenringe usw.) bestehen. Das gilt zwischen extremer Hellfärbung (hellgelb, cremefarben, scheinbares Weiß) und Dunkelbraun bis extrem Dunkel (tiefes Grauschwarz). Bei seinen Beobachtungen ist BORWICK aufgefallen, daß die Anzahl der Esel mit hellerer Färbung nach Süden hin anteilig zunimmt.

Tab. 10: Die Maße der Esel-Population in Bulgarien (WH = Stockmaß). Typ I = Lokalprimitive Form, Herkunft aus Afrika bzw. Somali-Eselgruppe; Typ II = Importierte Form (seit 1930) aus Italien und Griechenland (Martina Franka und Kiparska), in Bulgarien auch in geringem Umfang zur Maultierproduktion; Typ III Kreuzung von Stuten Typ I mit Hengsten Typ II. (nach DOBREV).

	Widerristhöhe (WH)	Rumpflänge	Brustumfang	Röhrbeinumfang
Typ I absolut in cm	95-110	110-115	115-135	12,5-15,0
relativ in % der WH	-	105-116	121-123	13,1-13,6
Typ II absolut in cm	130-150	130-155	145-170	16,0-20,0
relativ in % der WH	-	100-103	110-112	12,3-13,3
Typ III absolut in cm	115-135	120-135	140-160	15,0-18,0
relativ in % der WH	-	100-104	119-122	13,0-13,3

Das vom Pferd her bekannte Braun (stets mit schwarzem Behang an Mähne, Schweif und Fessel verbunden) sowie die Fuchsfarbe sind beim Esel bisher nicht bekannt, ebensowenig Abzeichen. Weiße Esel (totaler Leucismus, graue Haut), vielfarbige Schecken (auch die ganz seltene Tigerscheckung), Stichelhaarigkeit über Teile des Körpers (wie zum Beispiel beim Apaloosa-Pferd) oder über das ganze Tier (führt jeweils zur Aufhellung der Gesamtfärbung und damit zu Farbabweichungen wie

Gestalt des Esels 77

beispielsweise rosa) kommen wenig vor. Albinos (totale Pigmentlosigkeit, deshalb weißes Haar sowie Haut und Augenhintergrund rosa) sind sehr selten

Aalstrich und Schulterkreuz sind nur im dunklen Fellbereich als noch dunklere Zeichnung sichtbar. Bei gemischtfarbigen Eseln, also bei Schecken oder Stichelhaarigen, sind sie daher nur zum Teil sichtbar. Weiße Esel haben sie offensichtlich nicht. Bei Artkreuzungen Eselhengst mal Pferdestute wird die Eselfärbung nicht weitergegeben: Die Maultiere tragen die Fellfarbe ihrer Mutter, der Pferdestute.

Abb.29: »Der Esel«. (A. FORBES in TH. BROWN; Repro: J. E. FLADE).

Tab. 11: Rumpfmaße (Höhenangabe in Stockmaß) von Zwergesel im Vergleich mit Shetlandponys (FLADE).

Maß	Zwergesel (n=10)		Shetlandponys (n=47)	
	abs. in cm	rel. in% der WH	abs. in cm	rel. in % der WH
Widerristhöhe (WH)	94,9	100	100,3	100
Kreuzbeinhöhe	97,7	103	102,5	102
Rumpflänge	98,4	104	102,2	102
Brustumfang	105,5	111	124,8	124
Brusttiefe	41,3	44	46,9	47
Vorderbrustbreite	24,5	26	28,3	28
Rippenbrustbreite	22,9	24	27,9	28
Hüftbreite	31,1	33	35,8	36
Beckenbodenbreite	26,3	28	33,2	33
Röhrbeinumfang	12,0	13	13,2	13
Kopflänge	43,5	46	44,2	44
Ohrmuschellänge	21,0	22	10,8	11

6 Verhalten und Sinnesleistungen des Hausesels

Trotz der Zugehörigkeit zur Familie der Equiden gibt es neben übereinstimmenden Grundlagen deutliche Verschiedenheiten im Verhaltensmuster zwischen den einzelnen Equidenarten. So ist zwar auch der Esel ein sogenanntes Herdentier, aber er bewahrt Individualität und Selbständigkeit gegenüber der Herde im Gegensatz zum Pferd, das sich weitgehend in die Gruppe ein- und unterordnet. Das Rangordnungsverhalten von Pferden ist dafür typisch, ebenso wie ihre leichte Dressierbarkeit, d.h. Unterwerfung unter den Willen des Menschen, oder auch die Schreckreaktion, die sich über zielloses Davonrennen bis zur Panik steigern kann. Als Tier der Grassteppe ist sein wichtigstes Sinnesorgan die Nase; es reagiert jedoch zu langsam, um rechtzeitig analysieren zu können und sein Sehvermögen ist dafür zu wenig leistungsfähig. Aus Existenzgründen bleibt dem Pferd also nur die sofortige Flucht bei unklarer Situation und die Inanspruchnahme des Schutzes der Herde. Der Esel bleibt bei Gefahr stehen und prüft die Situation.

Also: Auch der Esel ist herdenorientiert, allerdings nur bedingt. Er verlangt einen Stallgefährten, um sich wohlzubefinden. Dieser kann, wie auch beim Pferd, durchaus einer anderen Tierart angehören, beispielsweise ein Hund, eine Ziege oder ein Schaf sein. Bei einem großen Esel sollte es ein Pony sein. Auch den Menschen bezieht er in seinen Lebenskreis ein. Esel sind Tiere des Gebirges oder steiniger Steppen. Sie sind sehr sensibel, wie auch die Pferde. Vorsichtig tastet sich der Esel durch seine Umwelt; wie angewurzelt bleibt er stehen, wenn man ihn hetzt, auch wenn der Weg dem Menschen frei und ungefährlich erscheint. Seine angeborene Bedächtigkeit ist Ausdruck der Vorsicht. Er ist diesbezüglich ein Einzelgänger und handelt unter der jeweiligen Situation den schwierigen und gefahrvollen Bedingungen des Gebirges entsprechend, also individuell. Die triebhafte Realisierung der Herdenmotivation, die beim Pferd üblich ist, wäre hier für ihn lebensbedrohend und erfolgt nicht.

Seine Feinfühligkeit, sein ausgeprägtes Beharrungsvermögen und die vorsichtige Orientierung aufgrund der jeweiligen Gegebenheiten sind daraus erklärbar. Deshalb wehrt sich der Esel gegen alle Maßnahmen des Menschen, die sein arttypisches Verhaltensmuster nicht berücksichtigen, vor allem seine Orientierungsfreiheit einschränken und damit seinem angeborenen Verhaltensprogramm zur Beherrschung einer bestimmten Situation nicht entsprechen.

Das gilt auch für die oft unglaubliche Überforderung, die sich einmal aus der Anspruchslosigkeit und Anpassungsfähigkeit des Esels, andererseits aus seiner Duldsamkeit, Tolerationsfähigkeit, Gutartigkeit, seiner Leistungsfähigkeit und seinem Leistungswillen bis zur Selbstaufgabe ergibt. Reaktion des geplagten Tieres: Es widersetzt sich und gilt dann fälschlich als stur, faul und dumm. Diese falschen Schlußfolgerungen schlagen sich seitens der Eselnutzer in Zwangsmaßnahmen nieder. Bei der großen Sensibilität des Esels führen diese folgerichtig zu anatomischen und physiologischen Dauerschäden und irreparablen Auswirkungen auf seine Verhaltensweisen.

Wenn jedoch der Esel seinem Verhaltensmuster entsprechend verfahren kann, ist er ein sicherer, zuverlässiger und unermüdlicher Begleiter des Menschen. Er findet seinen Weg stetig und unter schweren Bedingungen. Seinen Huf setzt er nur dorthin, wo der Boden trägt. Er reagiert, auch in der Gruppe, bei Erschrecken nicht spontan und kennt auch keine Panik. Dazu ein Bericht von TH. BROWN über das Verhalten der Esel unter alpinen Verhältnissen: »Die Art und Weise, wie die Esel die Alpen hinabsteigen, ist höchst merkwürdig. Auf den dortigen Pässen befinden sich häufig an der einen Seite hohe Wände, an der anderen furchtbare Abgründe, und der Pfad führt manchmal mehrere 100 Ellen (je 66,7 cm) tief jäh hinab. Dort kann man sich nur der Esel zum Reiten bedienen, und an der Vorsicht, mit welcher dieselben auftreten, erkennt man, daß die Tiere selbst die Gefahr kennen, in welcher sie schweben. Wenn sie an den Rand eines dieser Abgründe kommen, halten sie von selbst an, ohne vorher vom Reiter zurückgehalten zu werden, und wenn er, unvorsichtigerweise, versucht, sie anzuspornen, so bewegen sie sich doch nicht vom Fleck. Sie scheinen die Gefahr der Stelle zu erwägen, und sich auf deren Überwindung vorzubereiten, denn sie sehen sich den Weg nicht nur aufmerksam an, sondern der Gedanke an das zu bestehende Wagstück macht sie zittern und schnauben. Nachdem sie sich endlich dazu entschlossen haben, bringen sie ihre Vorderfüße in eine Stellung, als ob sie sich im Laufe aufhalten wollten. Hierauf setzen sie auch die Hinterfüße zusammen, aber etwas mehr nach vorne, als ob sie sich niederlegen wollten, und in dieser Stellung rutschen sie mit Blitzesschnelle den Weg hinab. Der Reiter hat dabei nichts zu tun, als sich fest im Sattel zu halten, ohne die Zügel anzuziehen; denn die geringste

Bewegung ist hinreichend, den Esel aus dem Gleichgewicht zu bringen, und ihn samt Reiter in den Abgrund zu stürzen. Die Geschicklichkeit, mit welcher sie hinabrutschen, ist höchst bewunderungswürdig; denn während der schnellsten Bewegung, wo sie gar nicht regieren zu können scheinen, folgen sie den verschiedenen Windungen des Weges ...«.
Auch wenn der Esel gefallen ist, verhält er sich ruhig und läßt sich helfen. Das Pferd verschlimmert seine Lage fast immer durch Angst- und Fluchtreaktionen, die sich in wildem Umsichschlagen und -treten zeigen. Ebenso gehen Esel nicht ruckartig ins Geschirr, sondern ziehen ihre Last allmählich bis zur vollen Kraftentfaltung an.

Abb. 30: Er denkt: »Ja wat! Du wirst schon gehn! Ich muß dich mal beim Schwanze drehn!«

Und er, der eben noch verstockt, ermuntert sich und springt und bockt. (nach W. BUSCH).

Der Esel ist durchaus wehrhaft. Die Angehörigen des nordostafrikanischen Somalistammes nutzen ihn deshalb seit jeher als nächtlichen Wächter außerhalb des Viehkrals, der Raubtiere und Räuber meldet (LEWIS). In den USA benutzen ihn texanische Farmer zum Schutz ihrer Schaf- und Ziegenherden vor umherstreifenden Koyoten, den von Alaska bis Kostarika verbreiteten Heulwölfen. Die Esel weiden mit den Herden. Beim Auftauchen der Eindringlinge gehen sie zum Angriff über und verjagen sie. V. UNRUH warnt vor der »Rache« des Esels für ihm zugefügte schlechte Behandlung durch Schläge oder »schlimmere Peinigungsmittel«, die durch scharfes Zubeißen bzw. Schlagen und Treten erfolgt, »in der Regel ohne jeden Laut oder sonstige sicht- oder hörbare Spur von Erregung«.

Der Esel ist, wie auch das Pferd, in der Lage, aufgetretene Erlebnisse mit dem Ort ihres Eintretens zu verbinden und beides im Gedächtnis zu behalten. Ebenso erinnert er sich an Stallgefährten, sowohl Artgenossen als auch Artfremde, sowie an den Menschen im Zusammenhang mit den Erlebnissen, die er mit ihnen hatte. Für diese Erinnerung nützt ihm vor allem der Geruchssinn, bedingt auch das Gehör. Sein isoliertes Personengedächtnis ist ohne an diese Personen gekoppelte Erlebnisse minimal. Je tiefer das jeweilige Erlebnis auf ihn wirkt bzw. je öfter es sich wiederholt, desto nachdrücklicher und länger behält er es im Gedächtnis. So ist es durchaus möglich, daß Esel zum Transport beladen oder vor schienengebundene Loren gespannt werden, den ihnen bekannten Weg zur Entladestelle gehen, von der Last befreit bzw. ihre Loren entladen werden und sich wieder an den Beladepunkt zurückschicken lassen - alles ohne Begleitung und über lange Strecken.

Aus verschiedenen gleichgelagerten Erfahrungen ist folgender Vorgang erwähnenswert, der sich im März 1816 im Zusammenhang mit dem Transport eines Eselhengstes - sein Name war Valiant - von Gibraltar nach Malta per Schiff ereignete. Dieses Schiff lief auf der Höhe der Gatspitze (etwa 30 km östlich Almeria an der spanischen Südküste) auf eine Sandbank. Der Esel wurde über Bord geworfen in der Annahme, er werde schwimmend das Ufer erreichen. Einige Tage darauf wunderte sich die Torwache von Gibraltar, daß Valiant die Öffnung der Tore erwartete und sich sofort zum Stall seines ehemaligen Besitzers (Mr. Weeks) begab. Der Esel war auf einem völlig unbekannten Weg von über 300 km wieder nach Hause gekommen. TH. BROWN kommentiert, daß »diese Reise von ihm in so kurzer Zeit zurückgelegt worden war, daß er den geradesten Weg gewählt haben muß.«

Die große Sensibilität des Esels schlägt sich, wie auch bei anderen Equidenarten, in der Leistungsfähigkeit seiner Sinnesorgane nieder. Hierzu gehört insbesondere der Geruchssinn. Aber auch der Gehörsinn ist von großer Bedeutung. Letzterer warnt den Esel vor Naturereignissen, die ihm schaden könnten, zum Beispiel vor Steinschlag, und vor seinen potentiellen Feinden. Wie auch bei anderen Equidenarten des Gebirges, so beim Grevy-Zebra (BOETTGER), sind seine Ohrmuscheln besonders entwickelt (Tab. 13), bei den Equidenarten der Grassteppen (Halbesel, Pferd) nicht.

Der Geruchssinn ist, ebenso wie beim Pferd, hervorragend ausgebildet und die Grundlage der Kontaktaufnahme und -pflege, aber auch der Vorsicht und der Ablehnung (»Ich kann Dich nicht riechen!«). Er dient weiterhin bestimmten Orientierungen sowie der selektiven Futter- und Wasseraufnahme. Beim Turkanastamm (Nordostafrika) wurden Esel beobachtet, wie sie während einer Dürreperiode im Trockenbett eines Flusses Grundwasser, das nicht sehr tief unter der Oberfläche anstand, orteten und durch Kratzen und Graben mit den Hufen freilegten (SCHINKEL). Schon vor etwa 2400 Jahren berichtete XENOPHON, daß Strauße und Trappen gern in Gesellschaft wilder Esel (gemeint sind asiatische Halbesel) leben und daß sich die Strauße deshalb in ihrer Nähe aufhalten, weil diese ein sehr feines Witterungsvermögen für »Wasser und Quellen« haben.

Abb. 31: Ruhender thüringischer Esel. (Foto: J. E. FLADE).

Zur Kenntnis der Gedächtnisleistung und damit der Dressurfähigkeit von Eseln haben die Zirkusse beigetragen. Damit haben sie auch die landläufige Meinung abzubauen geholfen, nach der der Esel als nur schwer- oder undressierbar, faul und dumm angesehen wird. Dressierte Esel wurden vorwiegend von Clowns vorgestellt. Moderne Darbietungen zeigen sie in Freiheitsdressuren, Gruppendarstellungen (Rangieren zu zweit, zu viert usw.), bei der Übergabe von Gegenständen, wie der Vorführpeitsche des Dompteurs und anderem. Der unreitbare Esel (sog. Abwurfesel) ist seit Jahrzehnten feste Nummer in vielen Zirkusprogrammen. Dressurelemente wie Lauf- und Sprungarbeit, Appell, Steiger und Mehrfachsteiger sind ebenfalls mit Eseln perfekt zu entwickeln. Der volkstümliche Eseltanz, der ebenfalls Produkt der Tierdressur ist, hat zum Beispiel in Ägypten alte Tradition. Der im 16. Jahrhundert lebende LEO AFRICANUS war davon bei einem Besuch Kairos sehr beeindruckt und erwähnt ihn neben dem Tanz von Hunden und Kamelen.

Bei allen Eseldressuren wird auch deutlich, daß dieser Equide neben dem Zebra zu den konsequenteren Kreuzgängern in der Equidenfamilie gehört, während Pferd und Halbesel bis zum vollen Paßgang davon abweichen können (HASSENBERG). Das ist auch der Grund dafür, weshalb es im Verhältnis zur Erfüllung anderer Dressuranforderungen einfach ist, dem Pferd paßartige Tritte oder den vollen Paßgang anzuerziehen, während das beim Esel mehr Schwierigkeiten macht.

Zur Klärung der Lernleistung des Hausesels haben die Untersuchungen von VOGEL und ANGERMANN beigetragen. Sie zeigen eine diesbezügliche ungefähre Mittelstellung des Esels zwischen Pferd und Zebra (Tab. 19, S. 106). HACHET-SOUPLET hält den Esel für »weit intellektueller als das Pferd«. Sicher kann aus der bisherigen Kenntnis der Verhaltensweisen des Esels (auch des Pferdes) eine solche absolute Aussage nicht vertreten werden, aber im Rahmen der Equidenfamilie ist er mit seinem Verhaltensmuster so ausgerüstet, daß er, wie alle rezenten Tierarten, sicher überleben kann - wenn der Mensch es zuläßt. Das allgemeine Herangehen an die Problematik kann nur aus dieser Sicht erfolgen: »Weder ist die Gans dumm noch der Esel unbegabt. Im Gegenteil, das Begriffsvermögen des Esels dürfte von dem des Pferdes nicht allzuweit entfernt sein, wenn auch sein Gedächtnis vielleicht nicht an das des Pferdes heranreicht. Die Mißachtung des Esels ist auch erst eine Errungenschaft der letzten 100 oder 200 Jahre. Im Altertum war er ... als Zug- und Lasttier sehr geschätzt« (LEHMANN).

Vermenschlichung, Unkenntnis und menschliche Überheblichkeit sind die Ursachen für unsachliches falsches Herangehen an die Beurteilung eines Tieres aufgrund seines Aussehens oder seiner Verhaltensweisen, so auch des Esels. M. TWAIN hat das in dem von ihm 1893 verfaßten Pudd'nhead Wilson (= Wilson, der Spinner) eindringlich zum Ausdruck gebracht: »Es gibt keinen Charakter, mag er noch so gut und edel sein, der nicht durch Spötteleien, mögen sie noch so armselig und geistlos sein, verleumdet werden kann. Man betrachte zum Beispiel den Esel: Sein Charakter ist beinahe tadellos, seine Intelligenz ist der aller geringeren Tiere überlegen, doch seht, was Spötteleien aus ihm gemacht haben. Statt daß wir uns geschmeichelt fühlen, wenn man uns einen Esel nennt, fühlen wir uns beunruhigt.«

Wie einige andere Säugetierarten auch, äußert sich der Esel in gegliederten Rufreihen, deren Grundlage das hinreichend bekannte I-AH ist. Die erste Silbe, I-, wird beim Einatmen, die zweite, -AH, beim Ausatmen gebildet. Je nach Resonanzboden (= Brustraum, also unter anderem Körpergröße/-breite/-tiefe) fällt das -AH tiefer bzw. höher aus. Der Ruf wird etwa fünf- bis zehnmal wiederholt und klingt meist in wenigstens derselben Anzahl grunzender Seufzer aus. Der Esel öffnet dabei das Maul. Die Lautstärke ist beachtlich und kann sich sehr einschränkend auf die Haltung von Eseln im Freizeitbereich auswirken (= ruhestörender Lärm). Sie hat schon zu zahlreichen Prozessen im klagefreudigen Deutschland geführt - gegen die Eselhalter natürlich. Zum Fortpflanzungsverhalten gehört auch das gegenseitige »Ansingen« (HAßENBERG), bei dem vorwiegend der Hengst der paarungsbereiten Partnerin seine Liebeserklärung direkt in das geöffnete Maul hineinschreit. Die Eselin geht etwas dezenter vor, aber liebt ihn trotzdem innig.

Der Inspirations-, also der Startlaut für das I-AH, ist das I-, das der Esel infolge des ihm angeborenen Nachahmungstriebes aufnimmt und zu I-AH weiter ausbildet (TEMBROCK). Das I- muß als Starthilfe nicht unbedingt von einem Artgenossen kommen. Der Esel übernimmt es beispielsweise auch vom Menschen. Daß aber ein rufender Esel alle anderen Artgenossen ebenfalls zum Schreien anregen kann, ergibt sich daraus. Diese Erfahrung beschreibt A. E. BREHM anläßlich einer Ägyptenreise: »Die Eselbuben Kairos, denen die Stimme ihrer Brottiere viel Vergnügen zu machen scheint, wecken das gesitteten Ohren so fürchterlich rührende I-AH einfach dadurch, daß sie die ersten Töne jenes unnachahmlichen kurzgestoßenen Ji-Ji-Ji, das dem Hauptinhalt der Eselsrede vorausgeht, nachahmen; dann übernimmt schon einer der Esel die Mühe, die freudige Erregung weiter fortzupflanzen ... Der Hengst erklärt der Eselin mit dem ohrenzerreißenden wohlbekannten I-AH, I-AH seine Liebe ... solche Liebeswerbung ist unwiderstehlich; sie äußert selbst auf alle Nebenbuhler ihre Macht. Man muß nur in einem Lande gelebt haben, wo es viele Esel gibt, um dies zu erfahren. Sobald eine Eselin ihre Stimme hören läßt, - welch ein Aufruhr unter der gesamten Eselei! Der nachstehende Hengst fühlt sich überaus geschmeichelt, derjenige zu sein, der die für ihn so ansprechenden Töne sofort pflichtschuldigst beantworten darf, und brüllt aus Leibeskräften los. Ein zweiter, dritter, vierter, zehnter fällt ein, endlich brüllen alle, alle, alle, und man möchte taub oder halb verrückt werden über ihre Ausdauer. Ob dieses Mitschreien auf zartem Mitgefühl oder nur in der Lust am Schreien selbst beruht, wage ich nicht zu entscheiden«.

Abb. 32: Laut rufender Eselhengst. (Foto: J. E. FLADE).

Verhalten und Sinnesleistungen des Hausesels 85

Farbtafel 1: Oben: In der Schweiz wurden und werden kräftige Eselhengste aus Spanien oder Italien zur Erzeugung von Maultieren eingesetzt. Hier trifft man einen Italiener auf den Koppeln des eidgenössischen Gestütes Avenches. Unten: Mausgraue Eselin mit der typischen Aufhellung. (Fotos: J. E. FLADE).

Verhalten und Sinnesleistungen des Hausesels

Farbtafeln 2 und 3: Vorbildlich gehaltene eidgenössische Langohren im Berner Mittelland/ Gestüt Assisa. (Fotos: J. E. FLADE).

Farbtafel 4: Oben: Gescheckte Esel ergänzen die Farbvielfalt des Hausesels wirksam. Unten: In größeren Höhenlagen, wie zum Beispiel in den europäischen Voralpengebieten, erfolgt der Fellwechsel beim Esel deutlich später als im Tiefland. (Fotos/Archiv: J. E. FLADE).

Farbtafel 5: Oben: Dalmatinischer Hausesel im kroatischen Bikovo-Gebirge oberhalb Makarska. (Foto: J. E. FLADE). Unten: Poitou-Mischlings-Eselhengst im französischen Hengstdepot in Uzès. (Foto: E. FURRER).

7 Populationen des Hausesels

Allgemein lassen sich entsprechend ihrer Herkunft drei Hauptgruppen des Hausesels unterscheiden:

1. **Afrikanische Esel, Esel der Mittelmeerinseln und der an das Mittelmeer angrenzenden Länder (vgl. Nubischer Wildesel):**
Hier kann von folgenden allgemeinen phänotypischen Merkmalen ausgegangen werden:
Um 100 bis 120 cm Widerristhöhe und dementsprechend geschlechtsbezogen etwa 100 bis 250 kg Gewicht. Das Haarkleid ist meist grau in unterschiedlichen Varianten gefärbt. Der Aalstrich ist stets, das Schulterkreuz nicht immer vorhanden. Bei dunkler Farbgebung, also bei Varianten der Graufärbung, ist jedoch der Aalstrich nicht immer erkennbar. Diese Esel zeichnen sich durch eine besondere Konstitution aus, die sich in Ausdauer, Genügsamkeit und großer Widerstandskraft gegenüber Strapazen aller Art repräsentiert. Sie haben ein lebhaftes Temperament.
Zunehmend wurden und werden die Esel dieser Gruppe mit europäischen Eseln (vgl. Pos. 3) gekreuzt, zum Beispiel in Algerien, Italien und Marokko. Andererseits gibt es Exporte von den Mittelmeerinseln, beispielsweise aus Zypern, nach den Anrainerstaaten und von dort bis nach Mitteleuropa. Am wenigsten davon beeinflußt sind wahrscheinlich die westlibyschen/tunesischen Esel. Als Folge dieser Einkreuzungen sind die gewünschte Größenzunahme, aber auch Farbnuancen nachzuweisen, die beim original Afrikanischen Esel bisher nicht auftraten, so starkes Nachdunkeln der Grautönung bis hin zu schwarz.

2. **Somali-Esel, ägyptische, arabische und spanische Esel (vgl. Somali-Wildesel):**
Hier kann von folgenden allgemeinen phänotypischen Merkmalen ausgegangen werden:
Um 130 bis 140 cm Widerristhöhe und mehr, im Extremfall bis über 155 cm, dementsprechend geschlechtsabhängig zwischen etwa 300 und 450 kg Gewicht, in Ausnahmen bis um 550 kg.

Meist sind die Esel dieser Gruppe grau, werden aber mit zunehmendem Alter heller mit beigem Farbton, beispielsweise hellgelbe Schimmel und helle Apfelschimmel. Die großen weißen Esel Ägyptens und Arabiens sind nur selten fast wirklich weiß. Aalstrich und Schulterkreuz sind, soweit die Esel von Einflüssen der beiden anderen Gruppen frei geblieben sind, nicht vorhanden. Das Fell ist weich. Die feinen kurzen Haare liegen eng am Körper an. Große Widerstandskraft gegenüber allen Unbilden, Energie, ausgeglichenes, aber entschlossenes Temperament bei zugleich vorhandener Fügsamkeit zeichnen die Esel dieser Gruppe aus.

Soweit bekannt ist, wurden sie ursprünglich über das nördliche Afrika nach Südspanien gebracht. Vor allem im Gebiet um Córdoba wurden sie bodenständig. Von dort aus verbreiteten sie sich vorwiegend über Südfrankreich (Gascogne, Poitou) und das westliche Oberitalien (Piemonte) und schufen die für die Maultierproduktion im 18./19. Jahrhundert so bedeutenden europäischen Rieseneselpopulationen, deren Einfluß bis nach Nordamerika reichte.

Die Esel der Gruppen 1 und 2 haben allgemein mittelgroße Köpfe mit zum Teil etwas erhabenem Profil, längliche Stirn, differenziert aufgerichtete Ohrmuscheln (zwischen stehend und hängend), kurzes Genick, kurzen Hals, kurzen Rücken (vgl. Tragfähigkeit), jedoch größere Rumpflänge als Widerristhöhe, wenig ausgeprägten Widerrist (differenziert), kurze, stark geneigte, sog. abgeschlagene Kruppe, kurzen Schwanz mit kurzer Quaste. Die Gliedmaßen sind fein. Sie enden in kleinen, sehr stabilen Hufen (zu enge und zu hohe Hufe kommen vor).

3. Europäische Esel:

Hier kann von zwei ursprünglich zusammenhängenden, sich ähnlich herausgebildet habenden Gruppen (3.1, 3.2) sowie einer dritten Gruppe gesprochen werden (APARICO in HAMMOND). Eine eindeutige Trennung zwischen ihnen gibt es nicht.

3.1 Leonés-Zamorano-Esel (Nordwestspanien, Gebiet León zwischen Zamora und León):

Von den folgenden allgemeinen phänotypischen Merkmalen wird ausgegangen:

Um 140 bis 155 cm Widerristhöhe, um 350 bis 450 kg Gewicht, häufig noch darüber (geschlechtsbedingt).

Die Esel sind untersetzt und sehr kräftig. Sie haben lichtschwarze bis schwarze Haarfärbung, langes, grobes, struppiges Fell. Besonders deutliche Aufhellungen bis zum Silbergrau gibt es im Bereich der Augenringe, des Maulrings, der Innenflächen der Unterschenkel, der Bauchunterseite und der Schwanzwurzel. Vorhanden ist ein sehr starker Behang an den Rändern der Ohrmuscheln, zwischen den Unterkieferästen (Kehlgang), im Bereich des Aalstrichs und an den Gliedmaßen. Die Esel sind sehr fleißig und haben ein lebhaftes Temperament.

3.2 Poitou-Esel (Südwestfrankreich, Gebiet Poitou zwischen Nantes und Poitiers):

Es kann generell von den für den Leonés-Zamorana-Esel zutreffenden phänotypischen Merkmalen (Pos. 3.1) ausgegangen werden. Die Widerristhöhe des Poitou-Esels liegt um 135 bis 155 cm, auch noch darüber. Das Gewicht beträgt 300 bis 450 kg und mehr (geschlechtsbedingt).

3.3 Katalanischer Esel (Südostspanien, Gebiet Katalanien, dazu die Balearen-Inselgruppe Mallorca,

Menorca und Ibiza, Südwestfrankreich, Gebiet Gascogne, westliches Oberitalien, Gebiet Piemonte westlich Turin). Möglicherweise gehen die nach der süditalienischen Stadt Martina Franca benannten, sehr stabilen und deshalb früher auch in der italienischen Armee verwendeten Esel direkt auf sie zurück. Sie sind heute noch in den Provinzen Bari, Brindisi und Taranto zu finden.

Von folgenden allgemeinen phänotypischen Merkmalen wird ausgegangen:

Widerristhöhe um 135 bis 150 cm und darüber. Das Gewicht ist relativ geringer als in den Gruppen 3.1 und 3.2 und liegt geschlechtsbezogen zwischen 250 und 450 kg. Jedoch können auch höhere Werte auftreten.

Die Esel dieser Gruppe sind schmal, engbrüstig und hochbeinig, verhältnismäßig lang und insgesamt weniger massig als die der Gruppen 3.1 und 3.2 Sie haben jedoch kräftige Gliedmaßen. Allgemein sind sie dunkel, meist schwarzgetönt (rosinenfarbig) oder auch dunkel kastanienbraun. Erhebliche Farbabstufungen betreffen Augenringe, Maulring, Bauchunterseite, Innenseiten im oberen Bereich der

Unterschenkel sowie den Schwanzansatz. Sie können von der ursprünglichen Wildfarbe stark abweichen und reichen von schwarz über dunkel kastanienbraun bis kastanienbraun, können Fuchsfarbigkeit andeuten (selten), sind häufig grau bis silbergrau.

Die Esel dieser Gruppe sind frühreif, haben sehr lebhaftes Temperament, das sich unter anderem in einer auffallenden Aktion in Schritt und Trab sowie in einem kräftigen Fortpflanzungstrieb widerspiegelt. Deswegen eigneten sie sich von jeher für die Erzeugung von Maultieren - sie bedeckten die artfremden Pferdestuten - und waren besonders in Nordamerika stark verbreitet. Dort bildeten sie, vor allem im Osten der USA, eine breite Grundlage der Maultierproduktion.

Im Rahmen der vorgenannten drei Gruppen haben sich zahlreiche territorial gebundene Populationen herausgebildet, die ältesten in den ursprünglichen Domestikationsgebieten Afrikas, weiterhin besonders in Vorder- und dem südlichen Mittelasien (Afghanistan, Pakistan, Indien, Südrußland), in China sowie in Mittel- und Südamerika (Tab. 3, 4). Sie sind in den meisten Fällen keiner bestimmten Gruppe zuzuordnen. BECZE hat sie deshalb nach ihrer Größe geordnet und klassifiziert (Tab. 7, 8). Für den Standard Donkey Großbritanniens werden durch FISHER und BORWICK Kategorien nach Widerristhöhe angegeben (Tab. 9). Umfangreiche Angaben macht DOBREV über den Esel in Bulgarien, das aufgrund seiner besonderen geologischen und territorialen Struktur sowie seiner meist individuell bewirtschafteten Spezialkulturen, wie Garten- und Weinbau, das eselreichste europäische Land ist (Tab. 4, 10).

Insgesamt sind zu einzelnen Gebieten folgende Hinweise auf Eselpopulationen möglich (unter anderem nach BECZE, BOETTGER, DOBREV, HAMMOND und APARICO, JEST, RAVIS-GIORDANI):

Afrika; Bestand etwa 12,2 Millionen Esel: Ägyptischer Esel und Maskat-Esel in Ägypten, Ostsudanesischer Esel, Nordafrikanischer Esel, Äthiopischer (auch Abessinischer) Esel, Südafrikanischer Esel (im 20. Jahrhundert stark von europäischen Eseln beeinflußt).

Asien; Bestand etwa 19,0 Millionen Esel: Maskat-Esel (Südarabien), Arabischer Esel (Vorderasien bis Irak, Iran, Afghanistan, Pakistan, Indien, Mittelasien), Türkischer Esel, Chinesischer Esel (verschiedene Varianten), Hochgebirgsesel verschiedener Varianten, z.B. Tibet-Esel (3500 bis 4500 m über NN., durchschnittlich 93 cm Widerristhöhe).

Rußland/GUS; Bestand etwa 0,3 Millionen Esel: Dagestanischer Esel (90 bis 112 cm Widerristhöhe), Kaukasischer Esel (Produkt aus Aserbaidshanischem und Dagestanischem Esel), Turkmenischer Esel (sehr variabel, um 140 cm Widerristhöhe), Usbekischer Esel (sehr variabel, 91 bis 155 cm Widerristhöhe).

Der Bestand an Eseln in Rußland/GUS ist in den letzten vier Jahrzehnten stark rückläufig. Waren es 1941 noch über 1 Millionen Esel, 1973 noch 568.000, sank ihr Bestand nach Angaben von GUREWITSCH bis 1987 auf 327.500.

Amerika; Bestand etwa 7,0 Millionen Esel:

Die spanischen und portugiesischen Kolonisatoren brachten vom 16. Jahrhundert an Hausesel nach Mittel- und Südamerika, auf die die heutigen Esel in diesen Gebieten weitgehend zurückgehen. Je nach geologischen, territorialen, vor allem aber auch Haltungsverhältnissen (Ernährung, Belastung) sind diese Esel zwischen 120 und 130 cm groß. Sie werden in einigen Staaten in großem Umfang eingesetzt (vgl. Tab. 3, 4) und dienen dort auch der Maultierproduktion. Für diese werden größere Eselhengste benutzt.

Für die Maultierproduktion wurden im 19. Jahrhundert Esel aus Europa nach Nordamerika importiert und dort weitergezüchtet. Schon im 18. Jahrhundert gab es dazu Anfänge. Es waren zunächst katalanische Esel, die eingeführt wurden. Später kamen dann Tiere der inzwischen herausgebildeten Rieseneselpopulationen vor allem aus Frankreich (Poitou-Esel), im 20. Jahrhundert auch aus Rußland hinzu. Die französischen Riesenesel erreichten in den USA 152 bis 160 cm Widerristhöhe und wogen über 460 bis maximal 550 kg. Heute sind sie aus dem Produktionsprozeß, also aus der Maultiererzeugung, ausgeschieden. Ihre Nachfahren werden als Hobby-Esel gehalten und meist nicht mehr so groß gezüchtet.

Während in Mittel- und Südamerika die Hausesel in großem Umfang als Last- und Tragtiere genutzt werden und noch immer in einigen Ländern eine wesentliche Grundlage des Transportwesens bilden, sind in den USA große Eselbestände wieder verwildert. Aus diesen Gruppen werden einzelne Tiere bei Bedarf wieder herausgefangen. Sie dienen dann meist der Freizeitgestaltung.

Eine ähnliche Situation besteht auch in Australien. Dort sind ebenfalls zahlreiche, große, verwilderte Eselherden vorhanden, die oft gemeinsam mit verwilderten Hauspferden, den sogenannten »brumbies«, leben und einen erheblichen Anteil der Bewohner der freien Wildbahn bilden.

Europa (ohne Rußland/GUS); Bestand etwa 1,2 Millionen Esel:

Andalusischer Esel (130 bis 150 cm Widerristhöhe); Bulgarischer Esel (95 bis 150 cm Widerristhöhe); Lokale Primitivform (95 bis 110 cm

Widerristhöhe); Dalmatinischer Esel (115 bis 135 cm Widerristhöhe); Gascogne-Esel (siehe Katalanischer Esel); Grand Noir du Berry (130 bis 150 cm Widerristhöhe) Griechischer Esel (120 bis 150 cm Widerristhöhe); Italienischer Esel (120 bis 150 cm Widerristhöhe); Katalanischer Esel, einschließlich Mallorca-Esel/Balearen, (135 bis 150 cm Widerristhöhe); Leonés- Zamorano-Esel (140 bis 155 cm Widerristhöhe); Maltesischer Esel (120 bis 130 cm Widerristhöhe); Martina Franca (135 bis 155 cm Widerristhöhe); Poitou-Esel (135 bis 155 cm Widerristhöhe); Razza (122 bis 142 cm Widerristhöhe); Sardinischer Esel, im Original ausgestorben, (100 bis 130 cm Widerristhöhe); Schweizerische Esel (81 bis 143 cm Widerristhöhe); Sizilianischer Esel (110 bis 130 cm Widerristhöhe); Wirtschaftsform (115 bis 150 cm Widerristhöhe).

Tab. 12: Kopfmaße (WH in Stockmaß) von Zwergeseln im Vergleich mit Shetlandponys (vgl. Tab. 11). (FLADE).

Maß	Zwergesel (n=10)			Shetlandponys (n=47)		
	absolut in cm	relativ in % der WH	in % der KoL	absolut in cm	relativ in % der WH	in % der KoL
Widerristhöhe (WH)	94,9	100	218	100,3	100	227
Kopflänge (KoL)	43,5	46	100	44,2	44	100
Stirnlänge	22,8	24	52	21,5	21	47
Stirnbreite	17,2	18	40	17,1	17	39

Die angegebenen Widerristhöhen sind nur Richtwerte. Aus den bereits angeführten Gründen gibt es große Schwankungen. Je mehr der Esel aus dem Produktions- in den Freizeitbereich wechselt und zum Hobby-Esel wird, desto größer wird die Varianz des Einzeltieres zum Populationsdurchschnitt. Das trifft nicht nur für Körpermaße, sondern auch für Farbe, Eigenschaften und sonstige Merkmale zu.

In zahlreichen zoologischen Gärten werden neben Vertretern der verschiedenen Wildequiden auch Hausesel unterschiedlicher Herkunft gehalten. Sie dienen nicht nur dem Kinderreiten (wie beispielsweise auch Shetlandponys und andere Pony- bzw. Kleinpferderassen), sondern bilden häufig selbständige Ausstellungsgruppen besonders in den Ländern, die zu den eselarmen Bereichen gehören, beispielsweise Mittel- und Nordeuropas. Als Besonderheit soll hier der Latin American Zoo and Miniature Horse Stud in Kilverstone/ Großbritannien - die bedeutendste europäische Zuchtstätte für das Falabella-Zwergpferd - erwähnt werden.

Diese Einrichtung züchtet unter anderem auch Zwergesel von weniger als 91 cm Widerristhöhe, wobei eine Widerristhöhe von um 85 cm und weniger angestrebt wird. Die Zuchtgrundlage für diese Zwergform stammt wesentlich aus vorselektierten Beständen (Tab. 9).

Maß	Zwerg-esel	Shetland-pony
Ohrmuschellänge		
absolut in cm	21,0	10,8
relativ in % der Widerristhöhe	22,1	10,8
relativ in % der Kopflänge	48,3	24,4
Ohrmuschelbreite		
absolut in cm	7,0	5,1
relativ in % der Widerristhöhe	7,4	5,1
relativ in % der Kopflänge	16,1	11,5

Tab. 13: Maße der Ohrmuscheln beim Zwergesel, verglichen mit denen beim Shetlandpony (vgl. Tab. 2). (FLADE).

Ausschließliche Eselhaltung zur Freizeitgestaltung besteht in den Ländern, in denen der Esel kaum oder nicht zur Arbeit eingesetzt wird und wo zugleich ein hoher Lebensstandard des Einzelnen die Beschäftigung mit diesem Haustier und seine Haltung ermöglicht. Diese Hobby-Esel-Bestände sind nur in Europa und Nordamerika nennenswert. Sie werden zum Beispiel in Frankreich, Italien, Kanada, in den USA, den Niederlanden, Irland und Großbritannien, Deutschland und der Schweiz durch Fachverbände betreut. So sind in der Schweiz als Bestand im Jahre 1999 über 3000 Tiere angegeben (INVERSINI), für Deutschland inzwischen etwa 5000 Esel, die teilweise bei der einschlägigen Interessengemeinschaft erfaßt sind (BANK-LAUER).

Die britische Donkey Breed Society hat für die Züchtung von Eseln den von R. S. SUMMERHAYS entwickelten Standard herausgegeben (nach BROWICK, 1984), an den sich auch nationale Verbände, zum Beispiel in Deutschland und in der Schweiz, weitgehend angeschlossen haben. Danach gibt es folgende allgemeinen Empfehlungen für Merkmale und Eigenschaften des Hausesels:

K o p f : Eher gedrungen als langgestreckt, das Maul recht schmal und spitz zulaufend, das Fleisch weich und sehr zart. Im Profil gewölbt. Insgesamt hell und vor allem ansprechend.

B a c k e n : Kräftig, rund und weit ausladend.

A u g e n : Ziemlich groß, tiefliegend und weit auseinanderstehend.

O h r m u s c h e l n : Schön gewachsen und kräftig, von der richtigen Form und Größe im Verhältnis zum Esel insgesamt.

Hals: Er ist, jedoch in vernünftigen Ausmaß, so lang wie möglich erwünscht und sollte sich sowohl an den Kopf als auch an die Schulter einwandfrei anfügen. Die Oberkante sowie die Unterseite sollen gerade verlaufen und keinerlei Wölbung aufweisen. Insgesamt sollte er kräftig, gut bemuskelt und ohne schlaffe Abschnitte sein.

Körper: Der Widerrist ist so gut wie nicht vorhanden; wenn er jedoch wahrnehmbar sein sollte, darf er so stark wie möglich in Erscheinung treten. Die Rückenlinie soll möglichst gerade verlaufen und verhältnismäßig kurz sein. Eine geringe Wölbung ist im Alter erlaubt, die Tendenz zu einem Karpfenrücken jedoch ein Fehler. Je weniger die Schulter hervortritt, desto besser. Die Rippen sollten kräftig hochragen - je tiefer die Unterbrust liegt, desto besser.

Hüften: Lang, breit, flach und stark bemuskelt. Zwischen Hüfthöcker und Hinterbacke besteht ein großer Zwischenraum.

Schwanz: Kräftig und hoch angesetzt.

Gliedmaßen: Gerade und mit dem für die jeweilige Rasse typischen Knochenbau. Das Knie platt und breit, der Hintermittelfuß kurz. Die Sprunggelenke so tief wie möglich, von guter und fehlerfreier Struktur. Die Vorder- und Hinterbeine weder zu eng noch zu weit stehend. Die Vorderbeine sollten auf keinen Fall rückständig gesetzt sein und die Hinterbeine dürfen keine sichelförmigen Sprunggelenke zeigen und auch nicht kuhhessig sein.

Hufe: Insgesamt gleichmäßig und gut geformt, von kräftigem Aussehen, sauber und mit glatter Oberfläche.

Bewegungsmanier: Sie sollte im Schritt und Trab gleichmäßig und typisch sein, gefällig, leicht und lebhaft.

Größe: Hier gibt es keine feste Einteilung. Die Gestalt, der Typ und das Aussehen sind entscheidend. Ausschließlich zur Beschreibung verwendet die Donkey Breed Society die folgenden Bezeichnungen (alle Größenmaße in Stockmaß und ohne Hufeisen gemessen):
- Miniature: ausgewachsener Esel, der weniger als 9,0 Hand (= 91 cm) hoch ist;
- Small Standard: über 9 Hand hoch, jedoch weniger als 10,2 Hand (= 103,6 cm) groß;
- Large Standard: über 10,2 Hand, aber unter 12,0 Hand (= 123,0 cm) hoch;
- Spanish Standard: über 12.0 Hand hoch.

Allgemeine Eigenschaften: Der Esel sollte ein freundliches, liebenswertes und »familiengeeignetes« Tier sein, wobei auch die Richter auf diese Eigenschaft Wert legen und angewiesen sind, bei allen Eseln vor allem diese Eigenschaften (jeweils gleichrangig) entsprechend zu bewerten.

Tab. 14: Körpermaße von Zwergeseln und Shetlandponys, bezogen auf die Widerristhöhe (WH). (vgl. Tab. 11, 12, 13). (FLADE).

Maß	Differenz der relativen Maße in % der WH (abgerundet)	Abweichungen der Maße des Zwergesels in %, bezogen auf das Relativmaß (% der WH) des Shetlandponys
Kreuzbeinhöhe	+ 1	+ 1,0
Rumpflänge	+ 2	+ 2,0
Brustumfang	- 13	- 10,5
Brusttiefe	- 3	- 6,4
Vorderbrustbreite	- 2	- 7,1
Rippenbrustbreite	- 4	- 14,3
Hüftbreite	- 3	- 8,3
Beckenbodenbreite	- 5	- 15,2
Röhrbeinumfang	± 0	± 0,0
Kopflänge	+ 2	+ 4,5
Stirnlänge	+ 2	+ 9,5
Stirnbreite	+ 1	+ 5,6
Ohrmuschellänge	+ 11	+ 101,9
Ohrmuschelbreite	+ 2	+ 39,2

Der 1997 veröffentlichte »Standard des Deutschen Zuchtesels der Interessengemeinschaft für Eselfreunde in Deutschland e.V.« hat sich weitgehend an den britischen angelehnt, diesen jedoch detaillierter ausgearbeitet. Zur Charakteristik der Qualität werden drei Klassen unterschieden:

- Klasse 1 – 130 bis 100 Punkte
- Klasse 2 – 99 bis 78 Punkte
- Klasse 3 – 77 bis 0 Punkte

Bewertet werden 13 Kriterien mit höchstens je zehn Punkten: Allgemeine Erscheinung, Kopf, Hals, Schulter und Brust, Vorderbeine, Körper, Rücken, Kruppe, Hinterbeine, Fesselung, Hufe, Gänge, Pflegezustand. Der Standard betont als Hauptaufgabe die Gesundheit und Leistungsfähigkeit der Esel. Es wird also weder ein bestimmter Typ noch ihre Zugehörigkeit zu einer bestimmten Rasse angestrebt, sondern eine die Qualitätsgarantie für Käufer und Züchter. Eine entsprechende Bewertung sowie Markierung und Registrierung der Esel im Stutbuch wird dementsprechend durchgeführt.

Die Zuchtverwendung des Esels sollte nicht eher erfolgen, als es der Stand des Wachstums und damit der Reifezustand, erlauben. Dieser Zeitpunkt entspricht auch den biologischen Voraussetzungen für den Beginn der Nutzung des Esels zur Arbeit. Es muß beachtet werden, daß Esel bis wenigstens zum Ende des vierten Lebensjahres wachsen. Bestimmte Körperabschnitte sind schon im Verlauf des vierten Lebensjahres in ihrer Entwicklung fast abgeschlossen, so beispielsweise Widerrist- und Kreuzbeinhöhe, Rumpflänge und Röhrbeinumfang. Dagegen weisen Brusttiefe und Hüftbreite noch deutliche Zugänge auf, woraus sich auch entsprechende Konsequenzen für eine weitere Gewichtszunahme ergeben.

Insgesamt sind aber Zuwachs und Zunahme im vierten Lebensjahr gering (Tab. 17), sodaß sowohl Zucht- als auch Nutzverwendung (allmählich) ab vollendetem dritten Lebensjahr beginnen können. Etwas später ist richtiger. Frühere Bedeckung führt bei der Eselstute zu Wachstumsdepressionen, die nicht wieder aufgeholt werden können. Sie bleibt also kleiner, vor allem schmaler sowie physisch und psychisch unterentwickelt. Aus denselben Gründen ist auch die zu frühe Verwendung der Esel zur Arbeit abzulehnen. Daß in großem Umfang entgegen dieser biologisch begründeten Forderung gehandelt wird, hat sicher zu der im Eselbestand der Welt so häufigen anatomischen, physiologischen und psychologischen Verkümmerung und damit auch zu dem unbegründet schlechten Ruf des Esels geführt.

Esel sind langlebiger als Pferde. Ihre maximale Lebensdauer wird mit 50 Jahren, in Ausnahmen noch länger, angegeben. Mit dem Einstallen eines jungen Esels wird also auch deshalb eine große Verantwortung übernommen. Seine Zuchtverwendung kann, zum mindesten bei Hengsten, bis in das vierte Lebensjahrzehnt erfolgen.

Das Heraussuchen eines passenden Partners für die Stute kann am besten in Beratung mit dem Verband oder einem Fachmann geschehen.

Allgemein kann man einem solchen Hengst bis etwa 40 Stuten zuteilen. Eselhengste werden durch ihren Partner kräftig motiviert, sind dabei in der Regel äußerst aggresiv und außerdem sehr laut. Ihre Liebeswerbung geschieht »ohne Rücksicht auf Verluste« und Rivalenkämpfe zwischen zwei Hengsten können tödlich enden. Eventuell durch den Menschen anerzogene Verhaltensweisen fallen dann wie eine Fassade in sich zusammen. Diese Aktivität ist für alle Beteiligten, auch für die Eselhalter und vor allem für ihre Besucher, nicht ungefährlich. Es wird von einigen Verbänden deshalb auch nachdrücklich empfohlen, nur für die Züchtung geeignete Hengste zu halten, alle übrigen Eselhengste aber zu kastrieren. Im übrigen können auch brünstige Eselstuten ein geradezu atemberaubendes Temperament haben und kräftig zupacken; und vor dem Biß eines Esels - wie auch anderer Equiden - ist dringend zu warnen.

Tab. 15: Unterschiede in wichtigen Merkmalen zwischen Hausesel und Hauspferd am Beispiel von Zwergesel und Shetlandpony (FLADE).

Merkmal	Zwergesel	Shetlandpony
Rumpf	schmaler, weniger gewölbt	breiter, stärker gewölbt
Kopf	länger, mehr Stirnbreite	kürzer
Ohrmuscheln	lang, schmal (Breite = 33% der Länge)	kurz, breit (Breite = 49% der Länge)
Lende	kurz (höhere Tragleistung)	länger
Kruppe	schmal, ungespalten, dachförmig	breiter, runder
Schweif	nur die untere Hälfte behaart (sogenannter Quastenschwanz), lange Schweifrübe)	vom Ansatz an lang behaart, kurze Schweifrübe
Kastanien	nur an den Vorderextremitäten	an allen vier Extremitäten
Hufe	schmal, hoch	breiter, flacher, stark rassespezifisch
Gang/Schritt	kurze Schrittlänge	größere Schrittlänge, rassespezifisch
Gang/Trab	geringe Aktion, langsamere Trittfolge, kurze Trittlänge (deshalb fällt der Esel verhältnismäßig schnell in den Galopp)	stärkere Aktion, höhere Trittfrequenz und –länge, rassespezifisch
Behang/Haarkleid	in der Regel feines kurzes Mähnen- und Schweifhaar, Fesselbehang, allgemein dünnes feines Haarkleid, ohne Stirnschopf (es gibt auch Landhaaresel)	stärkeres, dichtes, langes Mähnen- und Schweifhaar, Fesselbehang, allgemein dichteres stärkeres Haarkleid, Stirnschopf

Farbe	n	%
grau	210	54,0
dunkelbraun	120	30,8
schwarz	45	11,6
weiß	4	1,0
gescheckt	10	2,6

Tab. 16: Farbzugehörigkeit von Eseln der Schweizerischen Interessengemeinschaft Eselfreunde, 1987. (nach INVERSINI).

Die Kastration sollte ausschließlich durch einen Fachmann und mit Betäubung erfolgen, aus klimatischen Gründen im Frühjahr oder im Herbst. Sie kann schon in einem Lebensalter geschehen, in welchem das Hengstfohlen noch saugt, damit es nach dem Eingriff mit Mutters Hilfe schneller wieder auf die Beine kommt. Allerdings muß es trotzdem mindestens im dritten Lebensmonat und kräftig genug sein. Ältere Esel erholen sich von dieser Prozedur deutlich schlechter als jüngere.

Übrigens: Wenn bei der Kastration bereits zeugungsfähiger Tiere die Nebenhoden nicht mit entfernt werden, erfolgt weiterhin die Produktion von männlichen Geschlechtshormonen, sodaß sich ein solcher Wallach trotz seiner Sterilität dann oft wie ein Eselhengst verhält. Bei richtiger Vorgehensweise aber wird der Eselwallach etwa vier Wochen nach dem Kastrieren ein ruhiger, friedlicher Geselle, weil der Nachschub an den sich inzwischen verbrauchenden, temperamentsbestimmenden männlichen Geschlechtshormonen ausbleibt.

Tab. 17: Zuwachs- bzw Zunahmeraten bei Hauseseln in % des Geburtsgewichts; Geburtsgewicht = 100. (FLADE).

Körpermaß bzw. Körpergewicht	Zuwachs- bzw. Zunahmerate etwa	
	Geburt bis zum Ende des 3. Lebensjahres (36 Monate)	Ende des 3. bis zum Ende des 4. Lebensjahres (12 Monate)
Widerristhöhe	+ 60%	+ 3%
Rumpflänge	+ 130%	+ 1%
Brustumfang	+ 140%	+ 3%
Brusttiefe	+ 130%	+ 12%
Vorderbrustbreite	+ 120%	± 0%
Hüftbreite	+ 170%	+ 12%
Röhrbeinumfang	+ 85%	± 0%
Gewicht	+ 1 000-1 100%	+ 30-80%

Die Eselin roßt ungefähr aller 21 Tage (individuell unterschiedlich zwischen wenigstens 19 und höchstens 23 Tagen) über das ganze Jahr, wobei sie in der wärmeren Jahreszeit deutlichere Brunstmerkmale zeigt. Scheinrossen sind häufig und ebenso kommt es oft vor, daß tragende Eselstuten »auf das Fohlen rossen« (also trotz Trächtigkeit nochmals paarungsbereit scheinen).

Die Trächtigkeitsdauer liegt um etwa einen Monat über der der Pferdestute und im Durchschnitt bei über 360 bis 380 Tagen. Sie ist individuell bestimmt und auch bedingt haltungsabhängig. Abweichungen von etwa 15 Tagen sind stets einzukalkulieren. Die maximale Toleranz ist groß und wird von BECZE mit 305 bis 391, von SVENDSEN mindestens 330 Tage für Lebendgeburten angegeben. Als optimale Deckzeit bieten sich also die Monate zwischen März und Mai an, da dann das Fohlen in die Jahreszeit fällt, in der Mutter und Kind das beste Weideangebot vorfinden. Abfohlungen in ruhiger, »gemütlicher« Umgebung werden, wie auch beim Pferd, von der Eselstute bevorzugt. Deshalb überwiegt die Anzahl der Nachtgeburten (18 bis 6 Uhr) bei weitem und macht wenigstens 60 Prozent der Gesamtgeburtenzahl aus.

In der Regel wird das Stuteneuter im letzten Monat vor der Geburt deutlich größer, etwa vier Tage zuvor bilden sich Harztropfen oder es läuft schon etwas Milch aus den beiden Zitzen. Zudem erschlaffen deutlich die Beckenbänder der Stute. Sogenannte Scheinwehen können etwa eineinhalb Tage vor dem Abfohlen eintreten. Sie erleichtern manchen Stuten das Eintreten des Fötus in die Geburtswege, sie »drehen« ihn. Diesen Vorgang von den eigentlichen Geburtswehen zu unterscheiden, ist schwierig.

Tab. 18: Milchzusammensetzung bei ausgewählten Haussäugetieren in %. (nach STIER und KÖNIG-DINKLER).

Haustierart	Wasser	Kasein und Albumin	Fett	Milchzucker	Sonstiges
Esel	91,0	1,6	1,0	6,0	0,4
Pferd	90,0	2,3	1,1	6,1	0,5
Kamel	88,3	3,6	2,5	5,0	0,6
Schaf	82,5	6,0	6,1	4,5	0,9
Ziege	86,0	4,2	4,4	4,6	0,8
Rind	88,0	3,6	3,2	4,6	0,6
Schwein	81,2	5,6	7,6	5,1	0,5
Mensch zum Vergleich	87,0	2,0	3,0	6,0	2,0

Die Laktation der Eselstute beginnt mit dem Kolostrum (= Kolostralmilch). Es fließt mindestens 24 Stunden lang nach der Geburt. Seine Inhaltstoffe nehmen dabei jedoch rasch ab. Es enthält diätische Bestandteile, die den Abgang des Darmpechs beschleunigen, zudem wichtige Eiweißbestandteile, die als Antistoffe wirksam werden und für das Eselfohlen einen prophylaktischen Gesundheitsschutz bilden. Das Kolostrum ist zudem mineralstoff-, eiweiß- und fettreicher als die normale Milch, sodaß auch von dieser Seite eine Unterstützung des Fohlens für den Start ins Leben erfolgt. Es ist deshalb dafür zu sorgen, daß das Fohlen möglichst in den Genuß der Kolostralmilch kommt. In der Regel versucht das Neugeborene nach wenigen Minuten aufzustehen – es gelingt meist deutlich früher als beim Pferd.

Wenigstens bis zum Ende des vierten Lebensmonats sollte das Fohlen bei der Stute bleiben. Für seine Entwicklung besser und auch ökonomischer ist es, diese Zeit zu verlängern, je nach erneuter Trächtigkeit der Eselin bis maximal zum achten Lebensmonat. Die Muttermilch ist nicht nur in den ersten Tagen, sondern generell ein wichtiger Ernährungsbestandteil auch dann, wenn das Fohlen etwa von der ersten Lebenswoche an das Futter selbständig gemeinsam mit der Eselstute und in immer steigenderer Menge aufnimmt. Die Analyse der Eselsmilch zeigt, daß mit ihr durch das Fohlen wertvolle Nahrungsstoffe aufgenommen werden (Tab. 18). Infolge der Wachstumsgeschwindigkeit des Eselfohlens - Verdoppelung des Geburtsgewichtes zwischen etwa 30 und 40 Tagen - ist es notwendig, daß die Eselin eine bedeutende Milchmenge, vor allem im ersten Monat, produzieren muß, ebenso wie die Pferdestute. Das Ernährungsregime für sie ist also während der Laktationsperiode entsprechend zu gestalten, damit sie nicht zu sehr aus eigener Körpersubstanz zusetzen muß.

Abb. 33: Das Eselfohlen ist erst elf Stunden alt und steht schon sicher auf dem Boden seiner französischen Heimat. (Foto: C. NAAKTGEBOREN).

Während der fortgeschrittenen Trächtigkeit, beim Geburtsvorgang und zu Beginn der Laktationsperiode bedürfen Eselstute und ihr Fohlen besonderer Aufmerksamkeit. Deutliche Abweichungen von der üblichen Verhaltensnorm sind zu beachten und mit dem Tierarzt zu beraten, der ja auch die Trächtigkeit der Stute feststellt (traditionell oder - schon in der dritten Woche - echographisch).

Abb. 34: Das dichte Fohlenfell schützt vor Erkältungen. (Foto: J. E. FLADE).

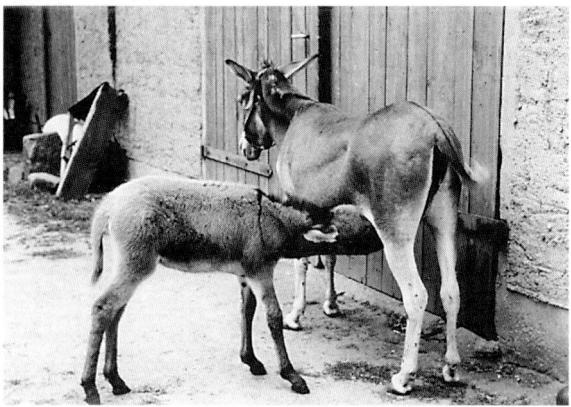

Abb. 35: Fünfjährige Eselstute mit ihrem zwei Wochen alten Fohlen in Zurow bei Wismar/ Mecklenburg-Vorpommern. (Foto: H. HINGST).

8 Haltung des Hausesels

Esel sind anspruchslose Vegetarier. Sie haben, wie auch die anderen Equidenarten, einen einhöhligen Magen mit kleinem Fassungsvermögen und keine Gallenblase. Also müssen sie laufend Futterstoffe in kleinen Mengen aufnehmen, um ihren Energiebedarf decken zu können. Das entspricht auch ihrer Ernährungsgrundlage im Wildstand: Steinsteppen und Gebirge mit nur vereinzelten Vorkommen an Freßbarem, zum Beispiel Hartgras, Dornbüsche, Gebirgssträucher. Die Futteraufnahme erfolgt dann, mit der Nase suchend und mit langsamen Schritten vorwärts.

Entsprechend der ursprünglichen Situation ernährt sich der Esel noch heute in vielen traditionellen Haltungsgebieten ähnlich. Er frißt fast alles: Stroh und Heu aller Herkünfte und Qualitäten, gekochte oder gedämpfte Kartoffeln, altes bzw. hartes Brot. Wichtig: Alle Futterstoffe müssen schmutz- und schimmelfrei sein und dürfen nur in kleinen Mengen (vgl. Tab. 21) dargeboten werden! Fleischnahrung (auch Wurstbrote) kann zu schweren Verdauungsstörungen führen und wird vom Esel meist von vornherein abgelehnt. Jeder Wechsel der Futterstoffe und der -menge ist, wie bei allen Equiden, allmählich zu vollziehen. Das Problem der Fütterung von Hobby-Eseln ist, daß sie, gemessen an ihrer Arbeitsleistung, zu reichlich und falsch ernährt werden. In Zweifelsfällen sollte stets tierärztlicher Rat eingeholt werden.

Der Esel frißt alles Grüne, Gemüse und Obst, dazu Baumrinde, Baumäste, Hecken, Sträucher und auch Gartenblumen. Zudem beknabbert er gern alle organischen Stoffe, demzufolge auch trockenes Holz, Lederzeug und Textilien. Für ihn sind Hafer, Gerste, Weizen oder Mais sowie deren Kleien, auch Trockengrüngut und dessen Pellets, Leckerbissen. Infolge des hohen Energiegehalts dieser Futtermittel muß auch bei ihrem anteiligen Einsatz in der Gesamtfutterration sehr zurückhaltend verfahren werden, damit der Esel nicht überfüttert wird. Vorschläge zur Rationsgestaltung enthält die Tabelle 21. Allgemein kann entsprechend des Körpergewichtes auch nach den Angaben für Shetlandponys (FLADE) und für Kleinpferde (FLADE und GLESS) verfahren werden.

Der Herkunft und dem Verhalten des Esels entspricht der Aufenthalt auf der Weide. Es muß hierbei seine Nässeempfindlichkeit beachtet werden, die weit über der des Pferdes liegt. Der Esel verlangt unbedingt eine trockene windgeschützte Fläche. Nasse, sumpfige, dem Wind oder Sturm ständig ausgesetzte Koppeln oder Wiesen schaden seiner Gesundheit. Das Wachstum wird stark gestört und die Eselfohlen verkümmern. Auch vor länger andauerndem Regen braucht er Schutz (Weideunterstand, Eintrieb in den Stall). Im feuchten Stall, auf nasser und schimmliger Streu kommt er um.

Seinem angeborenen Weideverhalten gemäß nimmt der Esel, wie auch die anderen Equidenarten, sein Futter in der Vorwärtsbewegung auf. Das ist beim Anpflocken oder Anbinden zu beachten: Er tüdert sich auf, kann aber nicht wieder zurück - er erhängt sich. Deshalb sind häufige Kontrollen notwendig. Der Tüderpflock muß also unbedingt einen Drehzapfen (leicht und um 360° drehbar) haben.

Giftpflanzen werden durch Esel im allgemeinen gemieden. Wie auch beim Pferd gibt es zwei Ausnahmen, die grundsätzlich von den Tieren nicht als giftig erkannt werden: Taxus- und Thujagewächse, also Eibe und Lebensbaum. Deshalb dürfen sie für Esel nicht erreichbar sein. Als für den Esel giftig und normalerweise von ihm abgelehnt werden, unter anderem Adlerfarn, Christrose, Goldregen, Mai- und Schneeglöckchen, Mohn, Rhododendron, Rittersporn, Schachtelhalm, Seidelbast, Tollkirsche und Trollblume

Tierart	Anzahl der beherrschten Aufgaben (gleichzeitige Beherrschung von Musterpaaren)	
	absolut (n)	relativ (Pferde = 100%)
Esel	13	65
Zebra	10	50
Pferd	20	100

Tab. 19: Optische Lernleistung bei Equiden in Abhängigkeit von der absoluten Gehirngröße. (nach VOGEL & ANGERMANN).

Esel sind aufgrund des geringen Fassungsvermögens ihres Magens auf regelmäßige Wasseraufnahme angewiesen, auch wenn sie die bekannte große Durstresistenz aufweisen. Je höher Lufttemperatur und -trockenheit sind, desto größer ist der Wasserbedarf. Offensichtlich gibt es dabei noch selektiv begründete Unterschiede zwischen einzelnen territorialen Eselpopulationen. So werden die Esel der nordostafrikanischen Somali- und Turkanastämme nur aller zwei bis drei Tage getränkt. Beim ebenfalls nordostafrikanischen Bedschastamm müssen die Esel täglich zur Tränke gebracht werden oder wenigstens am zweiten Tag. Drei Tage ohne Wasser überstehen sie bei der herrschenden Hitze und Trockenheit nicht (SCHINKEL). Unter unseren mitteleuropäischen Bedingungen sollten die

Esel freien Zugang zu trinkbarem Wasser haben. Wenn das nicht möglich ist, sind sie in Abhängigkeit von Lufttemperatur, -feuchte sowie Futterzusammensetzung und -zeiten etwa aller zwei bis drei Stunden mit Wasser zu versorgen, damit sie sich optimal wohlfühlen. Das Tränkwasser muß, wie auch das Futter, in einem einwandfreiem Zustand sein.

Ein Esel ist einfach zu halten. Voraussetzung sind feste Unterkunft und genügend Auslauffläche. Bei einer Widerristhöhe des Esels von um 115 bis 120 cm soll die Grundfläche seiner Stallboxe wenigstens zwei mal drei Meter betragen, besser etwas mehr. Volumen und Bauausführung des Gebäudes müssen den Witterungsbedingungen während der kalten Jahreszeit entsprechen. Es muß infolge der Verhaltensweise des Esels, Holz zu beknabbern und schließlich aufzufressen, massiv mit Steinen errichtet werden. Dachunterkante, Dachrinne, Fallrohre sowie Elektroleitungen dürfen für den Esel nicht erreichbar sein. Der Stallboden kann aus Hartholzwürfeln oder Ziegelsteinen bestehen, sollte etwas aufgerauht sein und etwa 1,5 Prozent Gefälle haben, damit er sich besser sauberhalten läßt. Jaucherinnen sind in der Regel nicht erforderlich, da die Einstreu den Urin aufnimmt. Sie sollte möglichst mit Weizenstroh erfolgen. Auch Ersatzstoffe wie Sägemehl, Hobelspäne oder Torf sowie andere Stroharten sind verwendbar, verfügen aber meist nicht über das Aufsaugvermögen des Weizenstrohs. Einstreu muß unbedingt reichlich vorhanden sein, daß der Esel nicht auf dem kalten, harten Stallboden liegen muß und dabei sein Fell durchscheuert sowie sich dauerhafte Schäden durch Unterkühlung zuziehen kann.

Der Zugang zum Stall oder zu einer anderen Unterkunft muß für seine vierbeinigen Bewohner jederzeit erfolgen können. Esel schützen sich nicht nur vor Sturm und Regen, sondern auch vor intensiver Sonneneinstrahlung oder ziehen sich zurück, um Ruhe zu haben.

Der Standort des Stalles sollte sich auf der Eselweide oder am Auslauf befinden. Etwa 700-800 Quadratmeter Fläche sind nötig, um dem Esel die Abdeckung des Bewegungs- und Spieltriebes zu sichern. Da er niemals allein gehalten werden sollte, muß die Fläche entsprechend des weiteren Partners größer bemessen werden. Sie setzt ganzjährige Zufütterung voraus. Stehen größere Weideflächen zur Verfügung, kann sich der Esel während der wärmeren Jahreszeit ganztägig dort aufhalten und sich selbst ernähren. Dabei fühlt er sich besonders wohl. Zudem werden Zufutter und Arbeitsaufwand gespart. Auch hier ist davon auszugehen, daß der Esel nicht allein, sondern wenigstens von einem Artgenossen oder zum Beispiel einem Shetlandpony begleitet wird.

Abb. 36: Eselstuten auf dem Assisa-Gestüt im schweizerischen Schalunen bei Bern. (Foto: J. E. FLADE).

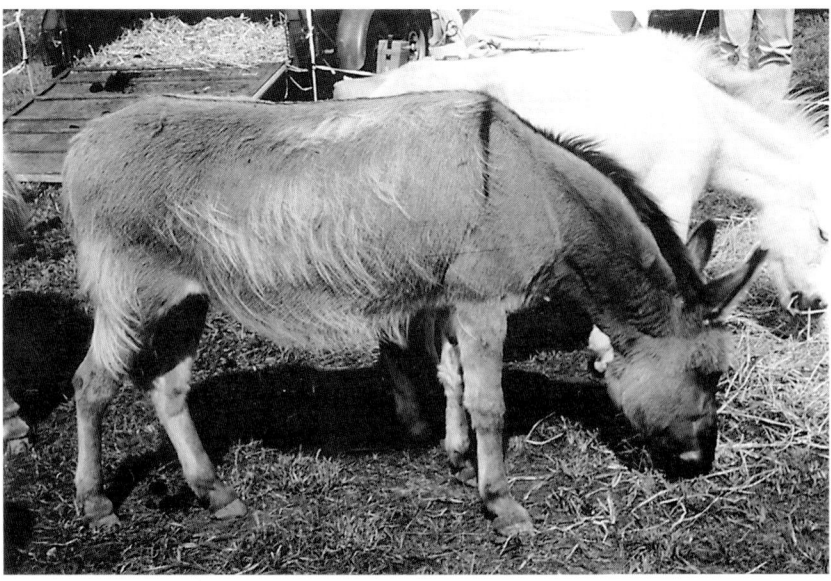

Abb. 37: Esel im Fellwechsel zur Schau in Bruchsal-Forst 1992. (Foto: J. E. FLADE).

Die Umzäunungen von Auslauf und Weideflächen sind der Größe der Esel und vor allem ihrem Bedürfnis anzupassen, die andere Seite der Einfriedung zu untersuchen, dort auf verbotenen Pfaden zu wandeln und sich an dem gütlich zu tun, was ihnen verwehrt werden soll. Oft richten sie dadurch beträchtlichen Schaden an. Es eignen sich Zäune aus Rund- oder Halbrundstangen, wobei die oberste Auflage bei etwa 100 Zentimeter, die zweite bei etwa 60 Zentimeter Höhe liegen sollte. Fest gespannter glatter Draht kann als zweite Auflage gut verwendet werden. Plankenzäune (drei Planken) eignen sich ebenfalls sehr gut. In allen Fällen ist das Holz durch entsprechende Tränkung gegen Benagen zu schützen. Vorhandene Bäume, Sträucher und sonstige Anpflanzungen sind sicher einzuräumen. Die Anwendung von Elektrozäunen zur Weideteilung bzw. als Schutz vor den eigentlichen Weide- und Auslaufeinfriedungen hat sich bewährt. Es ist zu beachten, daß Elektrozäune keine hundertprozentige Sicherheit gegen Ausbrechen bieten (Funktionsausfall, Durchreißen des Zaundrahtes, Isolationsschwächen usw.). Deshalb muß also die Außenbegrenzung der Weide und des Auslaufes unbedingt durch einen festen Zaun erfolgen. Das Weidetor ist gegen unbefugtes Öffnen zu sichern.

Auslauf und Weide müssen mit einem Wassertrog (mit Einlaufventil) oder einer anderen Selbsttränke ausgerüstet sein, die für den Esel jederzeit erreichbar ist. Offene Gewässer werden von ihm in der Regel gemieden und sind Gewohnheitssache.

Die Lage von Stall, Auslauf bzw. Weide muß den lautstarken und häufigen Lebensäußerungen des Esels voll entsprechen. Das weithörbare typische I-AH kann für Nachbarschaft und schließlich auch für den Eselhalter zu einer schweren Belästigung werden und führt leicht zu den entsprechenden, auch rechtlichen, Konsequenzen. Eingeschränkt wird die Ruffreudigkeit des Langohrs durch die, sowieso notwendige, Zugesellung eines Partners. Ist dieser ein weiterer Esel, so kann allerdings ein ständig wiederkehrendes Duett die Folge sein, muß es aber nicht. (Ein namenloser sächsischer Dichter: »....vielfach tönt es gleich darauf: Der Dichter gibt das Dichten auf!«) Bei der Zugabe eines Ponys sind die Chancen für mehr Zurückhaltung des Esels größer.

Krankheiten sind beim sachgemäß gehaltenen Esel selten. In allen Fällen einer beobachteten Abweichung von der gewohnten Verhaltensnorm, so zum Beispiel erhöhte Körpertemperatur, Desinteresse an der Umwelt (Apathie), Appetitlosigkeit oder Niederwerfen, sollte grundsätzlich ein Tierarzt konsultiert werden. Auch bei Verletzungen sollte so verfahren werden.

Tab. 20: Allgemeingültige Unterschiede in wichtigen Eigenschaften zwischen Hausesel und Hauspferd. (FLADE).

Merkmal		Esel	Shetlandpony
Chromosomenzahl		64	64
Atemzüge erwachsen (Ruhe)		etwa 20 pro Minute	etwa 8 bis 16 pro Minute
Pulsfrequenz erwachsen (Ruhe)		etwa 44 pro Minute	etwa 28 bis 40 pro Minute
Trächtigkeitsdauer etwa		360 bis 380 Tage	330 bis 340 Tage
Zucht- und Nutzungsdauer	Beginn	mindestens 2 ½ bis 3jährig	mindestens 3jährig (rassebedingt)
	Ende	etwa 30 bis 50jährig	etwa 20 bis 30jährig
Körpertemperatur (altersabhängig)		etwa 37,1 bis 37,8 °C	etwa 37,5 bis 38,3 °C
Akklimatisationsfähigkeit		gut, sehr temperaturresistent, bei großer Hitze noch sehr leistungsfähig, sehr empfindlich gegenüber hoher Luftfeuchte besonders bei niedrigen Temperaturen	gut, temperaturresistent bevorzugt kühle feuchte Witterung, empfindlich gegenüber großer Hitze, besonders bei hoher Luftfeuchte
Temperatur		toleriert 0 bis 30 °C (SVENDSEN)	optimal 8 bis 15 °C
Relative Luftfeuchte		optimal bis 30%, nicht über 70%	optimal bis 50%, nicht über 75%
Grundsätzliches Verhaltensmuster		Herdentier, aber Tendenz zur Individualität und Selbständigkeit gegenüber der Herde; entsprechendes Verhalten gegenüber dem Menschen	Herdentier, aber Tendenz zu weitgehender Ein- und Unterordnung in die Herde; entsprechendes Verhalten gegenüber dem Menschen

Besondere Geschirre, auch Sättel, gibt es für den Hausesel in Mitteleuropa nicht. Sie entsprechen denen von Kleinpferden, besonders Ponys. Sättel muß man nicht benutzen. Das Reiten auf einer Satteldecke erfüllt oft schon diesen Zweck. Vielfältig sind die in den verschiedenen Regionen seiner Haltung verwendeten Geschirre, vom einfachen Stricksystem bis zu kunstvoll verzierten Lederarbeiten. Ein Sielengeschirr läßt sich am besten anpassen und durch Verschnallen je nach der Gestalt des Einzeltieres zur optimalen Benutzung bringen. Das Kummet ist nur gering veränderbar, daher von Tier zu Tier kaum auszutauschen. Das wichtigste an Sattel und Geschirr ist, daß sie nicht drücken oder scheuern. Trotz seiner hohen Individualität stellt sich der Esel meist gut auf seinen Reiter oder Fahrer ein, der allerdings wenigstens Grundkenntnisse im Fahren oder Reiten sowie der Straßenverkehrsordnung besitzen sollte.

Haltung des Hausesels

Sommerfutterration
1. Rationsvorschlag
0,5 kg Weizen oder Gerste minderer Qualität; beliebig Grünfutter oder/und Weidegang
2. Rationsvorschlag
0,5 kg Grünmehl; 2,0 kg Spreupellets (nach Bedarf); beliebig Grünfutter oder/und Weidegang

Winterfutterration
1. Rationsvorschlag
1 kg Weizen oder Gerste minderer Qualität; 6-8 kg Silage; beliebig Stroh
2. Rationsvorschlag
1 kg Weizen oder Gerste minderer Qualität; 6-8 kg Rüben; beliebig Stroh
3. Rationsvorschlag
1 kg Weizen oder Gerste minderer Qualität; 2 - 3 kg Rüben; beliebig Maisstengel
4. Rationsvorschlag
Mischfutter aus 0,5 kg Weizen oder Gerste minderer Qualität; 0,5 kg Melasse; 3-4 kg Strohhäcksel; 2 kg Heu
5. Rationsvorschlag
0,5 kg Weizen und Gerste minderer Qualität; 5 - 8 kg gedämpfte Kartoffeln; beliebig Laub- oder Riedgrasheu (o. a.)
6. Rationsvorschlag
2 kg Eicheln; 0,5 kg Melasse; 5 - 8 kg Strohhäckselspreu (nach Bedarf); beliebig Stroh
Achtung! Eicheln sind zu quetschen und vollständig mit dem Futter zu vermischen!

Tab. 21: Futterrationen für einen täglich schwer arbeitenden Esel bei einem Lebendgewicht von etwa 200 kg. (nach BECZE). Der Bedarf eines »Hobby-Esels« ist wesentlich geringer. Empfehlungen gibt die IG für Eselfreunde.

Zur Haltung des Esels gehört besonders eine sorgfältige Hufpflege. Der Eselhuf hat zwar gegenüber dem Pferdehuf eine etwas stärkere Zehenwand und geringfügig dickere Trachten, aber die Eckstreben der starkgewölbten Hufsohle sind nur kurz und mehr als halb so schwach entwickelt, wie es beim Pferd der Fall ist. Daraus resultiert auch das Einziehen der Wand beim Eselhuf. Alle Korrektur- und Beschlagsarbeiten sind deshalb mit großer Vorsicht vorzunehmen. Neben dem täglichen Ausräumen der Hufsohle muß eine regelmäßige Kürzung des nachgewachsenen Hufhorns, am besten durch einen Hufschmied, erfolgen. Je nach Wachstumsgeschwindigkeit sollte etwa aller acht bis zwölf Wochen eine Kontrolle erfolgen. Geht der Esel viel auf harten Straßen, müssen vor allem seine Vorderhufe beschlagen werden. Stabilität und Härte seiner Hufe dürfen nicht überschätzt werden. Sind sie zu weit abgenutzt, ändert sich die Hufstellung und die Hufsohle bekommt direkten Kontakt mit der Bodenfläche. Beides führt zu erheblichen Schmerzen und langen Stehzeiten. Außerdem muß das Nachwachsen des Hufhorns abgewartet werden, damit beschlagen werden kann.

Die Körperpflege des Esels sollte, wie auch beim Pferd, mit der Bürste (Kardätsche) geschehen. Für stark verkrustete Stellen kann eine Wurzelbürste zur Reinigung benutzt werden. Außerdem kann man solche Bereiche durch Waschen aufweichen, muß sie aber unter unseren Klimabedingungen trockenreiben. Die Benutzung des Striegels, auch eines Reformstriegels, führt zur Reizung des empfindlichen Tastsinns und damit von Unbehagen oder Schmerz beim Esel bis zur Widersetzlichkeit und Abwehr. Außerdem können an wenig geschützten Körperstellen, wie am Widerrist, an der Kruppe oder an den Gelenken, Verletzungen eintreten.

Insgesamt ist der Esel ursprünglich äußerst anspruchslos an Pflege und Haltung. Das ergibt sich aus seiner Herkunft und damit aus der ererbten Anpassungsfähigkeit an trockene, warme Klimazonen. Außerhalb dieser Bereiche, zum Beispiel unter naßkalten, kühlen und zugleich ständig feuchten Witterungsverhältnissen, wie in unseren mitteleuropäischen Gebieten, sind auch seine Ansprüche grundsätzlich und deutlich höher. Da in solchen Gebieten vor allem die Temperaturen im Jahresmittel wesentlich geringer sind (Tab. 5), wirkt sich die Kälte in Verbindung mit der hohen Luftfeuchte verhängnisvoll auf die allgemeine Gesundheit des Esels, also auch auf Wachstum, Entwicklung, Nutzungsfähigkeit und Lebensdauer, damit auch auf seinen Ruf als Haustier, aus. Wie auch die Geschichte zeigt, muß also unter solchen Bedingungen wesentlich mehr für die Haltung des Esels, für seine Pflege und Fütterung, getan werden, um die negativen Klimaauswirkungen zu kompensieren. Wenn dann zu einer eselgerechten Haltung und Pflege noch die verdiente gute Behandlung kommt, werden die liebenswerten Langohren jedem die Freude wiedergeben, die er ihnen mit Sachkenntnis und Tierliebe entgegenbringt.

Abb. 38: Esel auf dem Markt vor der Westfassade der Kathedrale Notre-Dame in Paris. Er ist »stubenrein« ausgerüstet, damit der Stadtreinigung Kot und Harn sowie dem Besitzer erhebliche Bußgelder erspart bleiben. (Foto: J. E. Flade).

9 Ausblick

Wie wir gesehen haben, werden bis heute die weitaus meisten Esel in vielen Ländern der Erde noch als Lastenträger oder auch vor dem Wagen, dem Ziehbrunnen, dem Göpel und im landwirtschaftlichen Gespanndienst genutzt. Vor allem sind die ärmeren Schichten der Bevölkerung in großen Teilen Asiens, Afrikas, Mittel- und Südamerikas sowie in Südeuropa auf deren Fleiß, Duldsamkeit und Anspruchslosigkeit angewiesen. Wie schon seit Jahrtausenden, muß der Esel dort sein Leben lang meist schwerste Arbeit bei minimaler Ernährung und primitiven Haltungsverhältnissen verrichten. Selbst nach seinem Tode verwerten die Menschen sein Fleisch und seine Haut. Er ist dort nach wie vor unverzichtbare Voraussetzung menschlicher Existenz und teilt die kümmerlichen Lebensbedingungen mit seinem Halter und dessen Familie. Erst wenn diese zu mehr Wohlstand kommen, können sich auch für ihn die Verhältnisse bessern. Die Aussichten dafür sind zur Zeit alles andere als günstig.

In den reichen Ländern des Westens und Nordens sind die Beziehungen zwischen Mensch und Zug- oder Tragtier, also auch zum Esel, nach der völligen Mechanisierung und Automatisierung aller Arbeitsgänge im Militär- und Transportwesen, vor allem aber in der Landwirtschaft, grundsätzlich von den früheren unterschieden. Die Haltung von Eseln, Pferden oder ihren Kreuzungsprodukten (Maultier und Maulesel) wird heute nicht mehr von ökonomischen, militärischen oder technischen Gesichtspunkten bestimmt. In unserer Zeit sind Tierliebe und Lust zur Beschäftigung oder zum Sport Hauptgründe für die vermehrte Zuwendung zu diesen seit über 6.000 Jahren eng mit uns verbundenen Vierbeinern. Die seit den letzten Jahrzehnten rasch erfolgte Entfremdung des modernen Menschen von der Natur durch zunehmende Verstädterung, überwiegend technische und sogenannte Schreibtischberufe, durch einseitige Ausrichtung auf Gelderwerb, Massenproduktion und -konsumption sowie die akute Gefährdung der Natur selbst begründen die Sehnsucht des Einzelnen nach dem Lebendigen. Das beginnt schon frühzeitig und jeder weiß, daß gerade Esel besondere Lieblinge unserer Kinder sind. Mit dieser Entwicklung ist aber verbunden, daß zahlreiche Menschen in den Lebenskreis des Esels eintreten, die über keine Erfahrungen, Kenntnisse und Fertigkeiten verfügen, um mit ihm artgerecht umzugehen. Wichtig ist dabei, die richtigen Schlußfolgerungen daraus zu ziehen, daß Esel bei uns kaum oder überhaupt keine Arbeit leisten und ihnen unser Klima nicht besonders zusagt. Bei reichlicher Fütterung verfetten sie, werden krank und entwickeln im Zusammenhang mit falscher Behandlung Verhaltensweisen, die den Umgang mit ihnen sehr erschweren können. Diese Tatsachen verlangen vom Eselhalter, dafür wenigstens ein Grundwissen über seinen vierbeinigen Hausgenossen zu erwerben. Wenn die vorliegende Arbeit dazu beitragen kann, hat sie ihren Zweck erfüllt.

Abb. 39: Eseltreffen in Bruchsal-Forst 1992. (Foto: J. FLADE).

10 Danksagung

Für persönliche Angaben, Hinweise und Überlassung von Fotos bin ich besonders dankbar

den Damen B. Bank, Oberneisen; A. Bank-Lauer, Rosbach; Dr. H. Eichler, Berlin; Lady R. Fisher, Kilverstone; E. Furrer, Gerlikon; E. Harloff, Proseken; J. Inversini, Schalunen; Dr. G. Krische, Leipzig; Dr. G. Neumann-Denzau, Essen; P. Tschopp, Sion, und

den Herren Dr. J. Baumann, Montmagny; H. Bernsdorf, Berlin; Dr. J. Becze, Gödöllö; H. Beseler, Hinzenhagen; Prof. Dr. B. Brentjes, Berlin; StA Brodale, Gera; Dr. M. Bürger, Magdeburg; Dr. B. Clark, Paris; W. Dickgießer, Bruchsal; Dr. D. Dobrev, Sofia; Fisher, Erfurt; S. Frei, Teufen; Th. Frei, Kyburg; Th. Gagon, Bochum; Dr. H.-A. Grille, Flensburg; Dr. D. Y. Gurevitsch, Moskau; Dr. G. von Gynz-Rekowski, Wernigerode; M. Harloff, Proseken; Dr. W. Hecker, Budapest; K.-S. Herrmann, Essen; K. Köthe, Eisenach-Wartburg; Dr. H.-H. Müller, Eichwalde; H. O. Müller, Weilerbach; F. Ochs, Körle, C. Pohle, Berlin; Dr. I. Radnai, Keszthely; H. Rensch, Wiesloch; Dr. M. Scholz, Leipzig; Prof. Dr. S. Seifert, Leipzig; Dr. H. Sieber, Rostock; Dr. W. Sperlich, Rostock; Dr. L. Stein, Leipzig; Dr. M. Teichert, Halle (Saale); Dr. J. Volf, Prag, Winkler, Berlin sowie der Direktion des Tierparks Berlin-Friedrichsfelde.

Abb. 40: Eselhengst und Eselstute. (in L. FIGUIER, 1869, Paris).

11 Literaturverzeichnis

ALTMANN, D. (1972): Die Haustiere des Thüringer Zooparks Erfurt. Capra 1

ANTONIUS, O. (1918): Die Abstammung des Hauspferdes und Hausesels. Naturwiss. 6

ANTONIUS, O. (1922): Grundzüge einer Stammesgeschichte der Haustiere. Jena

ANTONIUS, O. (1933): Ponies und Hausesel. Zool. Gart. 6

Autorenteam Redaktion Freizeitpferd (1996/1989): Der Hausesel. Tägerig

BAUDISSIN, W. (1941): Einiges über Maultierzucht. St. Georg, 42 (13)

BAUER, H. R. (1943): Die Tierzucht in Ägypten. Züchtungskunde 18 (9/12)

BECZE, J. (1955): A szamár tenyésztése és az öszvér. Budapest

BENOIT, A. (1986): L'Ane, dressage, élevage. Ethnozoot. Nr. 37

BIEL, G. v. (1830): Einiges über edle Pferde. Dresden

BODSON, L. (1986): L'utilisation de l'Ane dans l'antiquité gréco-romaine. Ethnozoot. Nr. 37

BOETTGER, C. R. (1958): Die Haustiere Afrikas. Jena

BORWICK, R. (1967): Esel - Freunde der Kinder. Stuttgart

BORWICK, R. (1984): Esel halten. Stuttgart

BREHM, A. E. (1926): Tierleben. Bearbeitung von A. Meyer. Hamburg

BRENTJES, B. (1962): Wildtier und Haustier im Alten Orient. Berlin

BRENTJES, B. (1965): Die Haustierwerdung im Orient. NBB Bd. 344, Wittenberg Lutherstadt

BRENTJES, B.(1969): Equidenbastardierung im Alten Orient. Säugetierkundl. Mitteilungen 17 (2)

BRENTJES, B.(1975): Die Erfindung des Haustieres. Jena-Berlin

BROWN, Th. (1831): Biographische Skizzen und authentische Anecdoten von Pferden und den übrigen Thieren derselben Gattung. Weimar

CHILDE, V. G. (1959): Der Mensch schafft sich selbst. Dresden

CHRISTOFFEL, K. (1957): Durch die Zeiten strömt der Wein. Hamburg

DAUMAS, E. (1853): Die Pferde der Sahara, II. Band, II. Teil (J. MAZOILLIER). Berlin

DENT, A. A. (1972): Donkey. The story of the ass from East to West. London

DENT, A. A. u. D. M. GOODALL (1962): The Foals of Epona. London

DENZAU, G. u. H. (1999): Wildesel. Stuttgart

DOBZHANSKY, Th. (1958): Die Entwicklung zum Menschen. Hamburg und Berlin

DUERST, J. U. (1927): Esel. In: STANG und WIRTH, Tierheilkunde und Tierzüchtung. Bd. III. Berlin

DUNCAN, P. (1992): Zebras, Asses and Horses. An Action Plan for the Conservation of Wild Equids. IUCN. Gland

EBELING, E. (1927): Die babylonische Fabel und ihre Bedeutung für die Literaturgeschichte. Mitt. Altorient. Ges. 2 (3)

FIGUIER, L. (1869): Les Mammifères. Paris

FLADE, J. E. (1958): Kreuzungen von Zwergpferd und Esel. Zool. Gart. (NF) 24

FLADE, J. E. (1990): Das Araberpferd. NBB Bd. 291, Wittenberg Lutherstadt, 7. Aufl.

FLADE, J. E. (1990): Der Hausesel. Wittenberg Lutherstadt

FLADE, J. E. (1996): Shetlandponys. NBB Bd. 243, Hohenwarsleben, 7. Aufl.

FLADE, J. E. u. K.H. GLEß (1989): Kleinpferde. Berlin, 4. Aufl.

FREEDMAN, D. N. u. Th. L. ROBINSON u. M. (1992): 1000 Fragen an die Heilige Schrift. Stuttgart

GOETHE, J. W. v. (1928): Werke, herausgegeben von H. TIEMANN. Hamburg

GROVES, C. P. (1974): Horses, Asses and Zebras in the Wild. London

GROVES, C. P.(1986): The Taxonomy, Distribution and Adaption of Recent Equids. In: Equids in the Ancient World. Wiesbaden

GRZIMEK, B. (1977): Und immer wieder Pferde. München

GUGELBERG, H.v. u. C. BÄHLER (1994): Alles über Maultiere. Rüschlikon

HACHET-SOUPLET, P. (1898): Die Dressur der Thiere. Leipzig

Literaturverzeichnis

HAMMOND, J. (1936): Environmental conditions and livestock breeding. Probl. Anim. Husbr. Nr. 8. Moskau

HAMMOND, J. u. M. (1961): Handbuch der Tierzüchtung, Bd. III. Hamburg und Berlin

HARTENSTEIN, E. (1956): Auf den Spuren unserer Haustiere. Berlin

HAßENBERG, L. (1971): Verhalten bei Einhufern. NBB Bd. 427, Wittenberg Lutherstadt

HAUGER, A. (1913): Die Haltung und Zucht der Equiden im antiken Italien gegen das Ende der Republik und zur Kaiserzeit, etwa 100 v.-400 n. Chr., bearbeitet nach dem Scriptores rei rusticae veteres Latini und klassischen Kunstdenkmälern. Dissertation Univ. Gießen

HAUGER, A. (1921): Zur römischen Landwirtschaft und Haustierzucht - ein Beitrag zur Kultur Roms. Hannover

HENSELER, H. (1920): Über fremde Equiden, zugleich ein Beitrag zur Maultierfrage. München

HERODOT (1967): Das Geschichtswerk. Bd. I und II. Bearb. v. Werner und Hofmann. Bibl. d. Antike. Berlin und Weimar

HERRE, W. u. M. RÖHRS (1973): Haustiere - zoologisch gesehen. Jena

HESS, J. J. (1938): Von den Beduinen des inneren Arabiens. Zürich/Leipzig

HILZHEIMER, M. (1909): Die Haustiere in Abstammung und Entwicklung. Stuttgart

HILZHEIMER, M. (1921): Von der Herkunft und den Rassen unserer zahmen Einhufer. In: Von Pferden, Schwarzwild, Kamel, den Hirschen und dem Reh. Leipzig

HÖHNEL, L. R. v. (1938): The Lake Rudolf Region. J. R. Afr. Soc. 37

HONDORFF, Graf. F. (1670): Beschreibung des Saltz-Wercks zu Halle in Sachsen. Halle

JEST, C., u. G. RAVIS-GIORDANI (1986): L'Ane aus Tibet. Ethnozoot. Nr. 37

KLEEBERG, T. (1963): In den Wirtshäusern des antiken Rom. Schriftenr. Lebendiges Altertum, Bd. 12. Berlin

KLOCKS, B.-M. (1978): Die Tierknochenfunde aus den Burgen auf dem Weinberg in Hitzacker/ Elbe und in Dannenberg. I. Die Nichtwiederkäuer. Dissertation Univ. München

KRONACHER, C. (1921): Allgemeine Tierzucht, 1. Abt. (I/II). Berlin

KRÜGER, W. (1939): Unser Pferd und seine Vorfahren. Berlin

KRUMBIEGEL, I. (1958): Einhufer. NBB Bd. 208, Wittenberg Lutherstadt

LA BAUME, W. (1949): Die ältesten europäischen Haustiere. Verh. Dtsch. Zool. Leipzig

LAURANS, R. (1986): L'image populaire de l'Ane. Ethnozoot. Nr. 37

LEHMANN, A. (1956): Tiere als Artisten. Wittenberg Lutherstadt

LEWIS, I. M. (1955): Peoples of the Horn of Africa, Somali, Afar und Saho. In: Ethnological Survey of Africa: NE Africa, Bd. 1. London

LICHT, U. (1998): Liebeswertes Langohr. Cham

LIEUTAUD, M. (1986): L'Ane-jupon de Gignac. Ethnozoot. Nr. 37

LISOWSKY, G. (1958): Konkordanz zum hebräischen Alten Testament. Stuttgart

LÜTTSCHWANGER, S. (1967): Zum Vorkommen von Hauseseln zur Römerzeit nördlich der Alpen. Säugetierkunde 32

MATTHES, H. W. (1964): Aus der Geschichte der Tiere. In: Beiträge zur Abstammungslehre. Bd. 1. Berlin

MELLAART, J. (1965): Earliest Civilizations of The Near East. London/ Norwich

MOLL U. GAYOT (1872): Connaissance du cheval. Paris

MÜLLER, R. (1903): Die geographische Verbreitung der Wirtschaftstiere unter besonderer Berücksichtigung der Tropenländer. Leipzig

MURRAY, G. W. (1935): Sons of Ishmael. London

NAAKTGEBOREN, C. (1997): Vrome Ezels. Bressuire/ Noitrerre

NACHTSHEIM, H. (1949): Vom Wildtier zum Haustier. Berlin und Hamburg

NEUHAUS, U. (1941): Die Bedeutung der Viehwirtschaft Afrikas für Europa, ihr heutiger Stand und die erforderlichen Maßnahmen für die Zukunft. Züchtungsk. 16

OLEARIUS, G. (1667): Halyographia. Halle

PETZSCH, H. (1962): Geburt eines Zebroiden aus Eselstute x Grantzebrahengst. Säugetier. Mitteilungen 10 (2)

POPPLOW, U. (1934): Pferd und Wagen im Alten Orient. Dissertation Berlin

PUJOL, R. (1986): L'Ane chez les folkloristes francais: étude bibliographique. Ethnozoot. Nr. 37

PRZEWALSKI, N. v. (1884): Reisen in Tibet und am oberen Lauf des Gelben Flusses in den Jahren 1879 bis 1880. Jena

REVELEAU, L. (1986): Les courses asines en Vendée. Ethnozoot. Nr. 37

ROUSSEAU, M. (1986): L'Ane et ses thèmes dans l'art. Ethnozoot. Nr. 37

RZASNICKI, A. u. E. MOHR (1940): Einiges über die Eselfärbung. Zool. Gart. (NF) 12

SALONEN, A. (1955): Hippologica accadica. Ann. Ac. Sci. Fenn. B, 100

SCHEIFLER, H. (1975): Artbastarde innerhalb der Gattung Equus. Wiss. Fortschr. 25 (10)

SCHIELE, E. (1982): Araber in Europa. München

SCHINKEL, H.-G. (1971): Haltung, Zucht und Pflege des Viehs bei den Nomaden Ost- und Nordostafrikas. Veröff. Museum für Völkerkunde Leipzig

SCURLA, H. (1976): Im Reich des Königs der Könige. Berichte deutscher Persienreisender aus dem 17. und 19. Jahrhundert. Berlin

SPINDLER, F. (1986): Evolution de la population asine française. Ethnozoot. Nr. 37

SPÖTTEL, W. u. E. TÄNZER (1921): Eigenschaften und Verwendbarkeit der Maultiere. Flugschr. Dtsch. Ges. Züchtungskunde 53

STEGMANN v. PRITZWALD, F. P. (1924): Rassengeschichte der Wirtschaftstiere. Jena

STEIN, L. (1967): Die Šammar-Gerba. Veröff. Museum für Völkerkunde Leipzig

STEIN, L. (1974): Wandervolk der Wüste. Leipzig, 3. Aufl.

SVENDSEN, E. D. u. M. (1986): The professional handbook of the donkey. Sidmouth/ Devon

TEMBROCK, G. (1977): Tierstimmenforschung. NBB Bd. 250, Wittenberg Lutherstadt

THOMAS, E. M. (1965): Warrior herdsmen. New York

TREU, U. (1982): Physiologus (2. Jahrhundert). Zürich

UNRUH, C. M. v. (1921): Die Eselinge. In: Von Pferden, Schwarzwild, Kamel, den Hirschen und dem Reh. Leipzig

VARDIMAN, E. E. (1990): Nomaden. Schöpfer einer neuen Kultur im Vorderen Orient. Herrsching

VOGEL, G. u. H. ANGERMANN (1979): Taschenbuch der Biologie. Bd. I und II. Jena

VOGEL, M. (1973): Der Esel mit der Leier (Onos Lyras J.). Düsseldorf

VOLF, J. (1977): Koně, osli a zebry (in: Zvířata celého světa, 2.). Praha

WEISE, H. (1968): ABC zur Frage Esel oder Pony. Laasphe i. W.

WIDDRA, K. (1965): Xenophon. Reitkunst (um 365 v.). Berlin

ZAPF, G. (1972): Pferde im Roten Ring. Berlin

ZEUNER, F. E. (1967): Geschichte der Haustiere. München, Basel, Wien

Die Interessengemeinschaft für Eselfreunde in Deutschland e.V. hat eine »Empfehlung zur Haltung von Eseln« 1999 herausgebracht, welche die wichtigsten Informationen für jeden Eselhalter enthält.

Die verwendete Ausgabe der Bibel: Evangelische Verlagsanstalt Berlin 1950

Die verwendeten Ausgaben des Koran:
1.Übersetzung von Max Henning; Verlag Philipp Reclam jun. Leipzig 1968
2.Übersetzung von Lazarus Goldschmidt; Verlag Julius Kittls Nachf. Leipzig-Mährisch-Ostrau 1916

Abb. 41: »Nachhilfe« (Zeichnung: W. BUSCH).

12 Register

Abel 37
Abisai 36f, 53f
Abstammungsgeschichte 9f
Abzeichen, siehe auch Farbe 29f, 75ff
Adebo 44
Aesernia 61
Ägypten 15, 27, 30, 36, 51f, 60, 82, 91, 93
Äthiopien 27, 51f, 53, 93
Afghanistan 51f, 93
Afrikanischer Hausesel 90
Afrikanischer Wildesel 10f, 14, 21f
Africanus 48, 82
Aisopos (= Äsop) 35
Aitolien (= Ätolien) 15
Albanien 51f
Albino 30, 77
Albrecht der Entartete 70
Alexander III. (= Alexander der Große) 15
Alexandria 15
Alfons X. 61
Algerien 90
Alpen, siehe auch Hochgebirge 68, 79f
Amman 28
Amerika, siehe auch USA 13, 66, 94
Anakreon 16
Anatolien 32
Andalusien 94
Antillo 43
Antonius 60
Apaloosa-Pferd 76
Apollo 35
Apenninen-Halbinsel, siehe Italien
Apuleios 58
Arabien 27, 31, 38, 51f, 91, 93
Aristoteles 17, 51

Arkadien 58
Armenien 38
Artkreuzung 14f, 16
Aserbaidshan 93
Asiatische Wildesel (= Halbesel) 10, 14, 21f, 24f, 31, 81f
Assur 32
Atlasesel 10, 13, 22
Attar 37
Augustus 60
Australien 10, 94
Axius 58

Babylon 15f, 32
Bachus 34
Badchys 25
Baedecker 49
Balearen 92f, 95
Balkan 61f, 63, 47
Baltikum 61
Barack 36
Basra 37
Bayeux 20
Bechstein 43
Bering-Straße 11, 14
Berlin 21, 70
Bernsteinstraße 61
Bestand (Esel, Maultiere, Pferde) 52f, 56, 66, 72, 93f, 95
Bewertung 96ff
Bibel 31, 35f, 37f, 40
Biel, von 70
Bileam 36
Blackpool 69
Bologna 60
Bosnien-Herzegowina 43f, 51f
Branstner 45
Braunsberg 18
Brehm 28f, 49f, 65, 84
Brighton 69
Bruchsal 67, 108

Brugsch 48
Brunst, siehe Rosse
Budapest 39, 62
Büffel 15, 38, 55
Bulgarien 29, 51f, 59, 76, 93f
Burgen 70f
Burgdorf 44f
Burton-on-Trent 19f
Busch 5, 43, 80
Butzbach 40f

Caesar 60
Capagnia 55
Celle 19
Ceylon, siehe Sri Lanka
Charran 32
China 51, 54, 93
Chnem-Hotep 36f, 53
Columella 15, 55
Córdoba 91
Cromwell 70

Dagestan 93
Dalmatien 89, 95
Damaskus 32
Dareios I. (= Darius I.) 16, 54
David, König 36, 38, 53
David, J.-L. 68
Deborah 36
Demokrit 16
Deutschland 17, 18f, 40f, 42f, 45ff, 70f, 72, 96
Dionysos 34
Domestikation 14f, 22, 26-33
Dresden 42
Dressur 82ff
Dromedar 30, 32, 38, 50
Dziggetai 10

Eigenschaften 35, 110
Eisenach-Wartburg 70

England, Großbritannien 14, 19f, 39, 63, 69f, 93, 96ff
Epirus 51
Epona 63
Equiden 9f, 11f, 13f, 25, 73, 78, 81, 83, 100, 106
Erfurt 39
Eselrennen 69
Eselsdung 55
Eselsfleisch 15, 25, 32, 37f, 60
Eselsmilch, Verwendung, siehe auch Milch 55, 60
Eselsmühlen 55
Etrusker 54f
Eumenes II. 35
Euphrat 26, 32
Europäischer Esel 91ff, 94ff
Evolution 10-14, 73
Exterieur, siehe Körperentwicklung und -maße

Falabella-Pferd 95
Farbe, siehe Fell
Fell 21f, 24f, 29f, 31, 75ff, 88, 90f, 92f, 101
Fennek 22
Ferdinand V. 61
Florenz 48
Fortpflanzungsverhalten 84, 99f, 101f
Frankreich 6, 18, 63, 68, 85, 89, 96, 103
Friaul 69
Fütterung 29, 55, 105f

Gang 73f
Gascogne 92, 95
Gebiß 75
Geburt 102, 104
Gedächtnis 81f, 83
Gehörsinn 81
Gera 40
Geruchssinn 81f
Geschichte, siehe Kulturgeschichte
Geschirr (Sattel, Zäumung) 15, 28, 80, 110
Gesichtssinn 78

Gestalt, siehe Körperentwicklung und -maße
Gestüte 18f, 85, 86f
Gewicht 90, 91f, 101, 103
Gibraltar 81
Giftpflanzen 106
Gnäus 58
Göpel 55
Goethe, von 39, 45
Graditz 18
Grand Noir du Berry 95
Griechenland 14, 34f, 51f, 54f, 58, 95
Grimm, Brüder 43

Halbesel, siehe Asiatische Wildesel
Halle/ Saale 41f
Haltung 29, 105-112
Hamiten 27, 31
Hannover 19
Hastings 19f
Heine 43
Helena 16
Helfta 70
Herdentier 78
Herodot 16, 54
Hethiter 32
Hiob (Bibel) 31
Hirten 36, 55, 62f, 80
Hochgebirge, siehe auch Alpen 19, 51f, 81, 93
Hoffmann von Fallersleben 46
Homer 16
Hondorff 41
Horos 35
Huf 33, 69, 74, 91, 97, 111
Hund 15, 26, 39, 63, 72, 78

Iberische Halbinsel, siehe auch Portugal, Spanien 28, 51f
Iden, römischer Jahrestag 60
Illyrien 51
Indianer 13
Indien 25, 34, 51, 54, 93
Indus 14
Irak, siehe auch

Mesopotamien 29, 33, 93
Iran, siehe auch Persien 25, 51f, 93
Irland 63, 69f
Islam, siehe auch Koran 37f, 39
Isphahan 48
Israel 35, 36f, 38
Italien 14, 20, 28, 34, 51f, 61, 85, 90, 92f, 95f

Japan 54
Jeremia (Bibel) 37
Jericho 27
Jerusalem 36, 38, 40
Jojakim 37
Jordanien 28
Josef 35
Jugoslawien 51f

Kain 37
Kairo 48, 82, 84
Kaiserslautern 39
Kamel 15, 27, 50, 52, 55
Kanada 96
Karl IV. 66
Karneval 34
Kastanien 21f, 24, 74
Kastilien 61
Kastration 100f
Katalanien 68, 85, 92f, 94f
Katze 15, 39
Kaukasus 93
Kelten 51, 61, 63
Khur 10, 21f, 54
Kiang 10, 21f, 24f
Kilikische Pforte 32
Kilverstone 95f
Klassifizierung 74f, 96f, 98f
Kleinasien, siehe Vorderasien
Kleopatra VII. 60
Klima 14, 24, 28f, 50ff, 53, 57, 110, 112
Kloster 19f, 63, 71
Könige (Bibel) 38
Körle 41
Körperentwicklung, Hausesel 29, 73-77, 90-100

Register

Körperentwicklung, Wildesel 21f, 24f
Körpermaße 73-77, 90-100
Körpertemperatur 110
Kolostralmilch (= Kolostrum) 103
Kolumbus 61
Koran, siehe auch Islam 37f, 39
Koyoten 80
Krankheiten 104, 109, 111
Kreta 64
Kreuzgänger 83
Kroatien 51f, 89
Krylow 43
Kulan 10, 21ff
Kulturgeschichte 34-72
Kunigunde von Eisenberg 70
Kurz 45
Kutch 25, 54
Kyme 55

Lachis 27
Lamsacus 60
Lebensdauer 99, 110
Leda 15
Leonés-Zamorano (León-Zamor) 91f, 95
Lernen 82ff, 106
Leviticus 38
Libanon 30
Libyen 17, 26
Lima 50
Lippe 18
Lomersheim, von 71
Luther 36

Maecenas 60
Malaiischer Archipel 54
Mallorca 92f, 95
Malta 19, 51, 81, 95
Maracci 39
Margarethe von Hohenstaufen 70
Mari 32
Marokko 22, 28, 31, 54, 90
Martina Franca 92f, 95
Massai 53

Maskat 31, 93
Mattstetten 40
Maulbronn 71
Maulesel 14, 16f
Maultier 14f, 16f, 18ff, 34, 38, 52, 56, 58, 61, 66, 68, 77, 94
Maya 13
Mauretanien 22, 51f
Megerlin 39
Mekka 37
Memsen 19
Menorca 92
Mesopotamien, siehe auch Irak 14, 31f, 25, 26f
Midas I. 35
Milch 102ff
Mittelamerika 11
Mongolei 54
Morgenstern 46
Morse 69
Mose (Bibel) 36f
Mostar 44
Mühlen 55f, 63
Mulassière-Rasse 20, 68
Mullo 63
Mulus, mul 20
Mythologie 34ff

Napoleon I. 68
Napoleon III. 69
Nebamon 15
Neckar 39
Nepal 52
Nero 16
Neustadt/ Dosse 18
Newmarket 70
Niederlande 96
Niger 51
Nigeria 51
Nil 26f, 30f, 36
Nordamerika 10, 13, 66
Normannen 19f, 39
Nubischer Wildesel 10, 13, 22, 24, 31, 90

Öhringen 17
Olearius 48

Onager 10, 14f, 16f, 21f, 25, 29, 31, 58
Opfer 36f, 55
Orientierung 81
Ortsnamen 20, 39ff
Osnabrück 18
Otto I. 41

Pakistan 51f, 93
Palästina 27, 31
Pan 35
Panama-Enge 11
Paris 17
PAT-Werte (Puls, Atem, Temperatur) 110
Paudritsch 18
Pergamon 35
Petronius 15
Persien, siehe auch Iran und Irak 14, 32f, 37, 47f, 54, 65
Peru 50
Pflege 111f
Phönikien 54
Phrygien 34f
Piemonte 92
Plinius 16, 56, 58, 60
Poitou 20f, 66, 68f, 89, 92, 94f
Poppaea 16, 60
Portugal 59, 65, 94
Post 58, 66
Prag 21
Priapos 34
Przewalski-Pferd 9, 12, 21f
Pyramiden 30

Qumran 28

Rabi'a al-Adawiyya 37
Radbruch 19
Ramses III. 30
Rangordnung 78
Razza 95
Reatini-Gebirge 58
Reife 110
Reiten 30, 31f, 35f, 48f, 51f, 53, 55, 66f, 68, 70, 79f, 95, 110
Richter (Bibel) 36
Rind 15, 17, 20, 25, 27, 51, 55

Rom, Römisches Reich 16, 31, 35, 55f, 58, 60, 63
Rosse 102
Rostock 39
Roth 47
Rußland 93f

Sacharja (Bibel) 40
Saint-Saens 43
Samaria 38
Samburu 53
Šammar-Gerba 38
Samland 61
Samuel (Bibel) 53
Sansibar 31
Sardinien 95
Saumtier 56, 73f
Schaf 15, 26f, 36, 62f, 78, 80
Schlieffenberg 19
Schottland 70
Schwein 15, 26, 37
Schweiz 29, 44f, 85, 86f, 95f, 108
Schwind, von 71
Semiten 27, 34, 36f, 53f
Sensibilität 81ff, 78f
Sesostris II. 54
Seth 30, 35
Shetlandpony 55, 74, 77f, 95f, 98, 110
Sinnesleistungen 81ff
Sizilien 43, 54, 95
Skippon 48
Skythen 51, 54
Slowakei 63
Somali-Esel 90f
Somali-Wildesel 10, 13, 21ff, 24, 31, 90f
Sophokles 17
Spanien 16, 28, 34f, 44, 54, 61, 65f, 68, 85, 92f, 94
Sparte 15
Spessart 40
Sprache 65, 72
Sri Lanka 65
Stall 107, 109
Standard, siehe Zuchtesel

Stammesgeschichte 9-20
Stimme 22, 83f, 109
Strabo 55
Strauß 82
Sudan 51, 93
Südafrika 65, 93
Südamerika 11, 65f, 94
Sumer 14, 25
Syrien 14, 27, 32f, 54
Syrischer Halb- oder Wildesel 10, 25
Szentendre 39

Tacitus 15
Thira 67
Thrakien 34f, 51
Thüringen 70f, 82
Tibet 10, 14, 93
Tigris 26, 32
Tintoretto 35
Totes Meer 28
Trächtigkeit 102
Trakehnen 18
Trappe 82
Triaize 69
Tschechien 63
Türkei 32, 51, 93
Tunesien 90
Turkana 81
Turkmenistan 25, 93
Tutchanamun 30
Twain 83
Tyndareos 15
Typhon 35

Ungarn 39f, 61, 62f, 64
Unterkunft, siehe Stall
USA, siehe auch Amerika 66, 80, 93
Usbekistan 94

Valencia 17
Varro 58
Verbreitung (Esel, Maultier, Pferd) 34ff, 52, 56
Vesta 60
Verhalten 28f, 78-84, 110

Verona 60
Vinci, da 43
Vorderasien 27, 31f, 47f, 60, 63, 93

Wachstum 99, 101, 103ff
Wächter 55, 80
Wartburg 70f
Washington 66
Wasser 50f, 106f, 109
Weide 102, 106, 109
Wernigerode 39, 42
Wildesel 9f, 14, 21f
Wildpferd 9f, 14, 21f
Windmühlen, siehe Mühlen
Wolf 39

Xenophon 17, 82
Xerxes I. 14

Yak 15

Zahnformel, siehe Gebiß
Zamárdi 40
Zebra 9f, 14, 81
Zebroid 14
Zeichnung, siehe Abzeichen, Fell
Zeus 15
Ziege 15, 27, 34, 51, 78, 80
Zirkus 82
Zucht- und Nutzungsdauer 99, 110
Zuchtbuch 21
Zuchtziel, Standard 29, 73, 75, 96ff, 98ff
Zweistromland, siehe Mesopotamien
Zypern 33, 51f, 90

Interessengemeinschaft für Eselfreunde in Deutschland e.V.

»Ein zärtlicher Freund des Menschen«,

so könnte man als Eselkenner dieses vernünftige und äußerst praktisch veranlagte Tier aus der Familie der Equiden beschreiben.

1988 wurde die IG Eselfreunde mit dem Ziel, dem verkannten Tier in Deutschland eine Lobby zu verschaffen und die bekannten Vorurteile abzubauen, gegründet. Leider haben in dieser Zeit viele Tierhändler, die sich auch als Züchter ausgeben, unsere Arbeit dazu benutzt, die steigende Nachfrage von Eseln dadurch zu befriedigen, ständig große Mengen dieser Tiere nach Deutschland einzuführen. Dies geschieht in fast allen Fällen unter unvorstellbaren Qualen für die Tiere. Zum Teil werden alte und kranke Esel in anderen Ländern billig aufgekauft und in engen Transportern zu uns geschafft. Über Appelle an unser Mitgefühl (»wir haben die Tiere vor dem Schlachter gerettet«) und zum Teil als seltene Rasse ausgegeben (»das ist garantiert ein echter Poitou-Esel«), werden diese oft kranken und durch harte Arbeit im Herkunftsland geschädigten Tiere dann an ahnungslose Eselfeunde verkauft.

Deshalb hat mittlerweile die Tierschutzarbeit sowie die Aufklärung über eine sinnvolle Zucht und Nutzung bei uns einen großen Stellenwert eingenommen, weil sich natürlich die Händler in der Regel nach dem Verkauf des Tieres aus der Verantwortung stehlen, wenn es zu Problemen mit dem Tier kommt. Meistens steht der Käufer dann alleine da, oder er kommt, wenn er Glück hat, an unsere Adresse.

Hierzulande gibt es noch nicht viele Veranstaltungen mit Eseln. Im Rahmenprogramm einiger Pferde- und Zuchtveranstaltungen findet man in letzter Zeit häufiger Esel. Einmal jährlich, meistens Ende August, veranstaltet die IG Eselfreunde ein Bundestreffen mit ihren Tieren. Bewertung der Esel und Mulis, Reit- und Führprüfungen, ein Zugleistungswettbewerb, ein Hindernisparcours und ein großes Schauprogramm stehen im Mittelpunkt dieser Großveranstaltung. Außerdem präsentieren wir uns mit Infoständen auf verschiedenen Pferdemessen.

In der Interessengemeinschaft für Eselfreunde gestalten mehr als 900 Esel- und Maultierfreunde, Halter und Züchter aus ganz Deutschland die Partnerschaft mit diesem vielseitigen Tier.

Unser Verein verfolgt keine kommerziellen Interessen und ist als gemeinnützig anerkannt. Kostenlose Beratung bei Problemen der Esel- und Maultierhaltung gibt es auch für Nichtmitglieder.

Zweimal jährlich treffen sich die Mitglieder zur Mitgliedervollversammlung. Hier werden dann die Weichen für die weitere Arbeit des Vereines gestellt.

Mit seiner Öffentlichkeitsarbeit möchte unser Verein das Ansehen des Esels erhöhen. Tierquälerische Praktiken wollen wir aufzeigen und verhindern. Positive Beispiele der Eselhaltung sollen zum Nachmachen animieren.

In unserer **Geschäftsstelle** können Informationen über den Verein, wie z.B. die Satzung oder einzelne Exemplare der Vereinszeitschrift, angefordert werden. Sie betreut Mitglieder und Interessenten und leistet Hilfestellung bei auftauchenden Problemen und allen Fragen zur Eselhaltung. Hier ist die erste Anlaufstelle für alle, die sich für einen Esel oder ein Maultier interessieren.

Die Vermittlungsstelle möchte dazu beitragen, daß möglichst viele Esel den Platz finden, der ihren Anlagen und Fähigkeiten am besten entspricht. Die Leistungen der Vermittlungsstelle sind gegen eine geringe Gebühr (5,- DM) erhältlich. Die Vermittlungsstelle kann auch von Nichtmitgliedern in Anspruch genommen werden, vorausgesetzt, es handelt sich um Personen, die nicht im gewerblichen Tierhandel tätig sind.

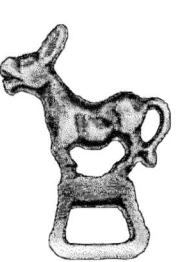

Regionale Aktivitäten:

In den meisten Bundesländern treffen sich die Mitglieder regelmäßig in zur Zeit neun regionalen Ortsgruppen. Hier werden Erfahrungen ausgetauscht, Ausflüge mit den Tieren unternommen und Veranstaltungen vorbereitet. Eselfreunde, die noch nicht Mitglied sind, können hier zwanglos das Vereinsleben »beschnuppern«.

Boutique:

Bücher und Geschenkartikel zum Thema Esel kann man in der »Boutique« erwerben. Die Waren werden bei Veranstaltungen angeboten oder per Post verschickt.

Jugendprogramm:

Besonderer Wert wird bei uns auf die Arbeit mit Kindern und Jugendlichen gelegt. In mehrtägigen Jugendcamps lernen Kinder den richtigen Umgang mit den Tieren in Theorie und Praxis.

Zeitschrift »Esel-Post«:

Unsere Zeitschrift die Esel-Post ist die einzige ihrer Art, die sich in Deutschland mit der Thematik Esel und Maultier befaßt. Sie enthält Wissenswertes über die Haltung, Nutzung und Pflege von Eseln und Maultieren. Medizinische und wissenschaftliche Beiträge sind hier ebenso enthalten wie Beiträge zur Kulturgeschichte des Esels. Die Zeitschrift umfaßt 32-40 teilweise farbige Seiten und erscheint vierteljährlich. Sie ist im Mitgliedsbeitrag von 72,- DM enthalten.

Wichtige Esel-Adressen

Schweiz:

Interessengemeinschaft für das Maultier
Postfach
CH-8370 Sirnach

SIGEF: Frau A. Matter
Hauptstraße 165
CH-3283 Kallnach

Das Maultierforum
Fritz Heinze
Bergstraße 6
CH-9100 Herisau

Deutschland:

Interessengemeinschaft für Eselfreunde in Deutschland e.V.
Geschäftsstelle:
Petra Maurer
Steinweg 12
65520 Bad Camberg
Tel: 06434/900037
Fax: 06434/38271
Internet-Adresse: http://www.esel.org

Maultier-Kontaktadresse:
Annemarie Bank-Lauer
Waldhaus am Beinhards
61191 Rosbach v. d. H.

Gesellschaft zur Erhaltung alter und aussterbender Haustierrassen (GEH)
Eselkoordinatorin Barbara Bank
Herbachstraße 31
65558 Oberneisen

Ungewöhnliche Reitsportartikel aus anderen Ländern:

HÜ & HOTT hat's - auch für Esel:

Eselsattel Burro
Handgewebte Zaumzeuge
Spanische Zaumzeuge
Englische Zaumzeuge
Packsattel
Fahrgeschirr
Fliegenschutz und vieles mehr

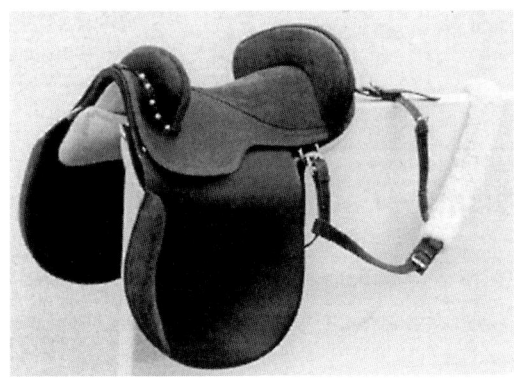

Versandkatalog
mit vielen Reitsportartikeln für Pferde und Esel aus aller Welt für DM 5,- (in bar oder Briefmarken).

HÜ & HOTT, Abt. WW, Rita Leithner, Lärchenweg 2a, D-82205 Gilching, Tel. 08 105 / 24 220, Fax 08 105 / 24 272, e-mail: Rita.Leithner@t-online.de